明远教育基金
MING YUAN EDUCATION FOUNDATION

「四有」好老师系列丛书

顾明远 总主编

做懂你的孩子王

朱继文 著

北京师范大学出版集团
BEIJING NORMAL UNIVERSITY PUBLISHING GROUP
北京师范大学出版社

特别感谢顾明远教育研究发展基金

对丛书的大力支持！

总序："四有"好老师引领教师成长

2024 年是习近平总书记提出"四有"好老师 10 周年。10 年前的教师节前夕，习近平总书记来到北京师范大学考察，与师生代表座谈。会上，他勉励师生从事教师这一崇高的职业，论述了教师的作用："教师是人类历史上最古老的职业之一，也是最伟大、最神圣的职业之一。"①习近平总书记引用人们常说的一句话："教师是太阳底下最崇高的职业。"并提到，自古以来，中华民族就有尊师重教、崇智尚学的优良传统，"国将兴，必贵师而重傅；贵师而重傅，则法度存"。中华民族 5000 多年文明发展史上，英雄辈出，大师荟萃，是与一代又一代教师的辛勤耕耘分不开的。教师之所以重要，是因为教师的工作是塑造灵魂、塑造生命、塑造人的工作。习近平总书记说："一个人遇到好老师是人生的幸运，一个学校拥有好老师是学校的光荣，一个民族源源不断涌现出一批又一批好老师则是民族的希望。"继而，他希望教师在科技进步日新月异、国际竞争日趋激烈的形势下，认

---

① 习近平：《做党和人民满意的好老师——同北京师范大学师生代表座谈时的讲话》，载《人民日报》，2014 年 9 月 10 日。

清肩负实现"两个一百年"奋斗目标、中华民族伟大复兴中国梦的使命和责任，努力为发展具有中国特色、世界水平的现代教育，培养社会主义事业建设者和接班人作出更大的贡献。

怎样才能成为好老师呢？习近平总书记提出了四条标准。

第一，做好老师，要有理想信念。习近平总书记从我国历史上对教师的理解一直谈到今天对教师的要求，提出教师应是"经师"和"人师"的统一。他说，正确的理想信念是教书育人、播种未来的指路明灯。教师要始终同党和人民站在一起，自觉做中国特色社会主义的坚定信仰者和忠实实践者，忠诚于党和人民的教育事业，自觉把党的教育方针贯彻到教学管理工作全过程，严肃认真地对待自己的职责。

第二，做好老师，要有道德情操。习近平总书记说："老师的人格力量和人格魅力是成功教育的重要条件。"合格的老师首先应该是道德上的合格者，好老师首先应该是以德施教、以德立身的楷模。他希望老师把正确的道德观传授给学生。好老师的道德情操还包括师德。习近平总书记说，师德是深厚的知识修养和文化品位的体现，师德需要教育培养，更需要老师自我修养。习近平总书记非常关心教师，他说："现在，很多地方做老师还比较清苦，特别是农村基层小学老师很辛苦，收入不高，物质生活不是很宽裕，有些家庭负担较重的老师生活还比较困难。"他要求各级党委和政府都要关心广大老师的生活。同时，教师要有"衣带渐宽终不悔，为伊消得人憔悴"的精神，兢兢业业做好工作。做老师最好的回报是学生成人成才，桃李满天下。

第三，做好老师，要有扎实学识。习近平总书记说，扎实的知识功底、过硬的教学能力、勤勉的教学态度、科学的教学方法是老师的基本素质，其中知识是根本基础。所谓学识，不仅要有学问，还要有见识。习近平总书记认为，在信息时代做好老师，不仅要有胜任教学的专业知识，还要有广博的通用知识和宽阔的胸怀视野。他要求老师始终处于学习状态，站在知识发展前沿，刻苦钻研、严谨笃学，不断充实、扩展、提高自己。

第四，做好老师，要有仁爱之心。习近平总书记说："教育是一门'仁而爱人'的事业，爱是教育的灵魂，没有爱就没有教育。"他说，教育风格可以各显身手，但爱是永恒的主题。爱心是学生打开知识之门、启迪心智的开始，爱心能够滋润浇开学生美丽的心灵之花。他特别强调，老师要有尊重学生、理解学生、宽容学生的品质。老师要热爱每个学生，不能因为有的学生不讨自己喜欢、不对自己胃口就冷淡、排斥，更不能把学生分为三六九等。他说，老师在学生心目中具有重要地位，老师无意间的一句话，可能造就一个天才，也可能毁灭一个天才。这些讲话都具有很强的针对性，值得老师们认真思考。

习近平总书记所述好老师的标准，既有理论的论述、历史经验的解释，又有对现状的分析和具体的要求，具有很强的针对性和现实性。"四有"好老师一直引领着我国教师队伍的建设。

这十年来，习近平总书记到学校考察时，都要提到教师，提出对教师的要求。2016 年 9 月 9 日，习近平总书记在与北京市八一学校师生座谈时，再一次提到教师的重要，他鼓励教师做学生锤炼品格的引路人、学习知识的引路人、创新思维的引路人、奉献祖国的引路人。[①] 同年 12 月，习

---

① 《全面贯彻落实党的教育方针　努力把我国基础教育越办越好》，载《人民日报》，2016 年 9 月 10 日。

近平总书记在全国高校思想政治工作会议上强调，教师是人类灵魂的工程师，承担着神圣使命。[①] 2021 年，习近平总书记在视察清华大学时提出教师要做"大先生"。在党的二十大报告中，习近平总书记进一步强调："加强师德师风建设，培养高素质教师队伍，弘扬尊师重教社会风尚。"上述讲话为教师的培养和专业成长指明了方向。2022 年 9 月 8 日，习近平总书记给北京师范大学"优师计划"师范生回信，希望他们努力学习，毕业以后到祖国和人民最需要的地方去，努力成为党和人民满意的"四有"好老师。2023 年 9 月 9 日，在第三十九个教师节到来之际，习近平总书记致信教师代表时又提出了"教育家精神"。

从"四有"好老师、"四个引路人"、大先生，再到教育家精神，习近平总书记关于教师的一系列论述，形成了对广大教师思想、道德、学识、能力、作风、纪律等方面全方位的系统要求，赋予了人民教师崇高的地位和神圣的职责使命，是新时代进一步打造高素质教师队伍，推进教育高质量发展的行动指南。学习好、领会好、贯彻好、落实好习近平总书记关于教师队伍建设的重要论述精神，对于全面提升教师队伍质量和水平、加快推进教育现代化、建设教育强国具有重大而深远的现实意义。

顾明远

2024 年 6 月

---

① 《把思想政治工作贯穿教育教学全过程　开创我国高等教育事业发展新局面》，载《人民日报》，2016 年 12 月 9 日。

序　言

习近平总书记说："一个人遇到好老师是人生的幸运，一个学校拥有好老师是学校的光荣，一个民族源源不断涌现出一批又一批好老师则是民族的希望。"[①]到底什么是好老师呢？好老师应该具备什么样的特质呢？回望教育初心，我想那一定是热爱教育工作的人，把教育当成事业的人。

我 1989 年毕业于北京市幼儿师范学校，到 2024 年，工作已经有 35 年，做幼儿园园长已经有 28 年。有这样一个问题常常在心里萦绕：如何成为一名与时俱进的好老师呢？最近阅读奥地利心理学家阿德勒的《自卑与超越》，我感慨万千，很庆幸能读到如此让人爱不释手的好书。正处于"五十知天命"的人生阶段，我对书中所描述的"生命的意义"领悟颇深。任何人都有自己"生命的意义"，而且他的所有观点、态度、行为、抱负、习惯及个性等都与这一意义相吻合。在我看来，生命的意义在于关注他人，只有对于他人而言是有意义的，生命才能算是真正的有意义。如果一个人

---

① 习近平：《做党和人民满意的好老师——同北京师范大学师生代表座谈时的讲话（2014 年 9 月 9 日）》，4 页，北京，人民出版社，2014。

的理想和行为都朝着为他人做贡献的方向，且个人也为之努力，那么生命自然会体现其意义。让我记忆深刻的是学生时代背诵过的《钢铁是怎样炼成的》中的片段："人最宝贵的是生命。生命（对）人只有一次。人的一生应当这样度过：当回忆往事的时候，他不会因为虚度年华而悔恨，也不会因为碌碌无为而羞愧……"①这段话提醒我在生活与工作中不断内省。正如阿德勒在书中所阐述的观点，人类生活在"意义"之中，我们所感受的不是现实本身，而是现实被我们赋予的意义。我想，我的全部生活的意义就是与孩子、老师们在一起，感受学前教育工作的乐趣。

好老师要有理想信念和道德情操。郭元祥指出，"教育是为理想而生，为理想而活的"②。在教育的征程中，我常常会感到惶恐不安，生怕自己学习得少、知道得少，在学前教育中落伍，所以鞭策自己要如饥似渴地学习、反思。幸好，在笔耕不辍中，我既享受着做教育的快乐，也让自己每天都有一点点的进步。幼儿园阶段是人生中最纯真无瑕的时期，我十分偏爱此阶段天真烂漫的孩子们。之前，我总认为只有完美主义者才能当好幼儿园老师。在这么多年与孩子们的接触过程中，我发现是他们让我变得越来越优秀、越来越善于思考、越来越充满热情，专业能力也逐步得到了提升，我也会自信地认为自己的身体内原本就潜藏着学前教育的基因。

本书中，我执意要以成长的经历为主线着笔，把记忆中小时候散点的小事写下来，是因为我越来越发觉童年生活对人一生的影响、价值和意

---

① ［苏联］尼·奥斯特洛夫斯基：《钢铁是怎样炼成的》，梅益译，308 页，北京，外国文学出版社，1982。

② 郭元祥：《做个理想主义者》，载《教师》，2012(1)。

义，我也想让读者与我一样有深深的思考，一起去珍视儿童的童年生活，给儿童自主的空间，给儿童接触大自然的机会，给儿童自己体验和探究的时间，尊重儿童的意愿和心里的感受。当然，童年的美好对我选择和从事幼儿教育事业也影响深远，正如树木之根、溪流之源。相信教育工作者都了解精神分析学派弗洛伊德对童年重要性的描述，童年的生活经验对人一生的发展有不可低估的影响。我从小生活在田间地头，在与泥土、野花、杂草、昆虫的嬉戏中长大，无忧无虑、自由自在的生活让我拥有了阳光快乐的性格，所以我也会特别在意让孩子们在大自然中去探索。虽然成年之后再回忆美好的童年，我感觉稍纵即逝，但是它对我的影响至今未减，包括对专业的选择、工作后的教育方式和管理方法，以及家庭的生活方式等，从中都能找到我孩童时的影子。

以"做懂你的孩子王"为本书命名，主要有以下几个原因。一是本书内容和职业有关，都是有关幼儿发展的事情，肯定绕不开一个"懂"字，看懂、听懂、懂得、理解、尊重、支持皆是温暖向上之词；二是"孩子"是本书的贯穿线索，不仅是说写作顺序是从我小时候到现在，而且于我而言，现在的工作就是和孩子一起成长；三是包含了"圆梦、圆满、美满"的向往之意，心愿所成。感谢顾明远先生的追问，我开始反思：习近平总书记在2014年考察北京师范大学时提出了"四有"好老师的要求，回顾自己做老师的这么多年，我都做了什么？我是怎样诠释"四有"好老师的？好老师应该是什么样子的？如何做一名好老师？感谢北京师范大学出版社给予我机会，让我能够在整理和归纳自己多年的教育故事的过程中圆梦。这将是我的幼教人生中美满的告白。马上我就要56岁了，很庆幸自己能够圆满地完成此项有意义的事情。做一名"四有"好老师，我认为更重要的是对"教育人生、教育生活、教育生命"的解读和践行，我仍在不断前行中。希望这本书出版后能够促使广大教育工作者内省，希望此书中娓娓道来的故事能够启发教育同行对"教育"的再理解、再认识、再实践。

目　录

第一章

理想信念之源

很早之前，我看过一篇研究文献，大致说的是成人对童年经历的唤醒会对其从事的教育工作产生影响。我没有进行过细致的研究，只能从自己的经验出发来谈。我成长的年代相对来讲物质还是比较匮乏的，娱乐方式也单一，孩子在很多时候是家里的劳动力。四五岁起，我开始协助家人做一些力所能及的事，如做饭、放羊、割草、捡柴等。参加诸如此类的劳动是我日常生活中的一部分。我并没有觉得劳累，相反，觉得这都和游戏一样，给我带来了很多快乐。直到现在，与伙伴叙旧时，言谈话语间仍能勾起这些印刻在心灵深处的记忆片段。刘晓东在《儿童教育新论》一书中写道：儿童心理发展的每一个阶段都有其渊源和前提，而且都为后来的发展阶段做准备。[①] 这就是我撰写第一章内容的出发点。如同倚靠在大树下的讲述者一样，我唠叨着自己小时候的故事。那是一个属于我的年代，有信念、有理想、有坚持，同时执着地相信只有把每一件事情做好才是好孩子。至今我都特别感谢我的爷爷奶奶、爸爸妈妈为我创造的小时候的学习和生活环境，一切都是那么丰富多彩。

---

① 刘晓东：《儿童教育新论(第二版)》，103 页，南京，江苏教育出版社，2008。

1

教育之心源于幼时的生活

加斯东·巴什拉在《梦想的诗学》中以植物的生长来类比人的发展："童年持续于人的一生。童年的回归使成年生活的广阔区域呈现出蓬勃的生机……当梦想为我们的历史润色时，我们心中的童年就为我们带来了它的恩惠。必须和我们曾经是的那个孩子共同生活……从这种生活中，人们得到一种对根的意识，人的本体存在的这整棵树都因此而枝繁叶茂。"①童年中寻得的最深处、最根本的能量，是人一生的根基，也是"生发成人精神的永恒动力和源泉"。我从自己的童年出发来书写，把学前教育中的点滴经验分享于此。

---

① ［法］加斯东·巴什拉：《梦想的诗学》，刘自强译，导言28～29页，北京，生活·读书·新知三联书店，2017。

　　童年的生活会影响未来自己所从事的工作吗？怎样让自己未来的生活充满色彩和意义呢？有时候童年时期的某个画面会突然闪现在脑海里；有时候某种想法会藏在某个角落，但突然间又会跳出来，告诉我孩子是这样的，我应该怎样对待孩子，怎样理解他们的感受。当问题一股脑涌现于我的脑海，剪不断理还乱，而我又无法从书中找到答案时，我便会回到父母家，静坐在童年时期玩耍过的院子里，徘徊在村落的小路上，走到离家不远的树丛中，听一听小鸟的叫声，看一看它们飞来飞去在树叶间捉迷藏的样子，想一想小时候曾在这里破坏了蜘蛛的家，欢声笑语便仿佛萦绕在耳边，一幕幕幸福的画面便缓缓呈现……

一、多彩的童年让我坚定教育之心

　　我从小生活在农村，没有上过幼儿园，村里的小伙伴就是玩伴，身边的自然物都能被当作玩具。譬如，地上的小石头、小木棒，玉米成熟时的玉米轴、玉米秆、玉米叶。水稻成熟时，我们会在稻田里奔跑，用稻草做成稻草人；麦田成熟时，我们会用麦秸编辫子、做扇子和帽子；高粱成熟时，大人们会带着孩子用高粱秆插接制作各种动物……现在回忆起来仍然感觉趣味盎然！除此之外，村里的很多地方也是我玩耍的场地。在农村有的是野草，有的是泥土和田地，我便在草堆上玩滑草，在土地上找个木棍玩猜字，在田地里嬉戏。那时感觉自己好像什么都会似的，什么都敢尝试，什么都敢体验，什么都敢探索，爬过树、捕过知了、挖过地鼠。现在回想起来，都不知道自己是怎样在收割后的稻田中奔跑的。难道小时候自己的脚真的是铁打的，不怕扎、不知道疼吗？一想到这，我都会偷偷地笑出声来。小时候的农村生活看似艰苦，然而回想起来只有快乐萦绕。

当了老师之后，我经常会读到一些给自己启示的教育思想，其中很多都论述了童年对人一生发展的重要价值。我常进一步思考：什么样的童年生活会对孩子一生有重要意义呢？如何证明？为什么一些理念很难落地呢？什么是尊重孩子的年龄特点？什么是根据孩子的发展速度进行教育？什么是给孩子自由发展的空间？如何让孩子获得最好的发展？如何成就孩子幸福的一生？如何理解终身学习？一个人幸福一生的实现最需要的品质是什么？我们最终的教育目的是什么？……这些问题经常会在我头脑中不断盘旋。回顾30多年的教师生涯，答案日渐清晰起来。童年对儿童发展的价值是值得每个教育人去珍视、去研究、去理解的，给孩子什么样的童年生活需要我们深思和构建。童年生活让我心情愉悦，童年故事让我记忆犹新。追溯起来，做幼儿教师所需要的、站在儿童视角而来的许多创新、创意和想法，都可以从我的童年经历中找到出处。

童年往事历历在目，激励着我，也陪伴着我成长、发展和成熟。一个人必须和自己对话才能内心丰盈，一个人必须和日月星辰交谈才能意志坚定，一个人必须和花草树木亲密相处才能平淡祥和。在和周围一切的互动中，我的童年被印刻上时代的烙印，让我对许多事物有了基本的价值判断，更赋予了我作为一名教育工作者的定力和决心。

二、经验源自亲身体验

读莫言的《红高粱》时，我总是被他笔下的"奶奶"逗乐。并不是因为这个"奶奶"有多幽默风趣，而是因为他将"奶奶"这个人物的形象描述得既勇敢又果断，总是让我不由自主地想到自己的奶奶。

记得小时候自家院子里有一口烧柴的大铁锅，每天奶奶都会围着锅台转来转去，像变魔术一样，她总能变出许多好吃的，馒头、白薯、土豆、饼子、菜团子、糖包，有时甚至还能变出个麻酱糖饼……因此，小时候的我对那口锅总是充满欢喜和期盼。只要奶奶准备掀开锅盖，我就会飞快地跑到锅台旁，但每次只能远远地看着奶奶把好吃的从锅里取出来。倒不是因为自己想远远地看着，而是因为奶奶总会用臂膀拦着我，不让我靠近。热气像白白的云朵一样弥漫在奶奶的脸上和身体上，奶奶在我心里就像能够腾云驾雾的孙悟空。

我五六岁时发生过这样一件事。大概是因为每次远远看着那口锅已经不能够满足我的好奇心了，我非常盼望也能像奶奶一样动手掀锅盖，自己从锅里拿好吃的。这次机会终于来了！一天，我趁奶奶不备，径直跑到锅台旁边，手刚碰到蒸好的馒头，一股疼痛感顿时从手指钻到心里，我"哇"的一声哭了起来。奶奶听见了哭声，马上跑过来，一边检查我的手指，一边告诫我不要靠近锅台。在奶奶的安慰下，我渐渐停止了哭泣，嘬着小嘴委屈地问奶奶："为什么每天奶奶都这样用手指按馒头，却没有被烫到呢？"

　　奶奶笑得合不拢嘴，理解了我在模仿大人的样子。奶奶把我搂在锅台前告诉我："判断馒头是不是熟了，用手指按一按就知道了。如果被按下去的小坑马上回弹，就说明馒头熟了，可以吃喽！而且按也是需要技巧的，要快一些才行，或者先用手指蘸一下凉水，这样就不会被冒出来的热气烫到了。来，你试试用你的小手快速地按一下。"

　　我小心翼翼地把手伸出来，在奶奶的鼓励下按了一下馒头，果然被按下去的小坑自己弹了回来。我就像发现了神奇的秘密一样，非常地兴奋，虽然脸上还挂着泪花，但疼痛感早就被我丢在了九霄云外，只剩下快乐和兴奋。哦！原来是这样呀，我恍然大悟，按馒头看起来简单，没想到还有那么多的技巧呀！从那以后，奶奶就把判定馒头熟没熟的任务交给了我，这成为很令我自豪的一件事。于是，打开锅盖后的这个动作便留在了我的记忆深处。只要一看到用锅蒸熟的好吃的，我就不禁想起奶奶。每当这时，我的心底总会涌起深深的感动。

　　奶奶没有学习过教育学，当然也就不知道什么高深的教育理论、科学的教育方法等，但她于不经意间传递生活经验，为后辈进行耐心讲解，引导后辈实践尝试等都体现了儿童教育的方法论，后来奶奶把判定馒头熟没熟的任务交给我，给予我鼓励、信任和尊重，满足了我心理上的需要。奶奶这些做法给我留下了深刻的印象。后来我做了一名幼儿教师，常回忆起奶奶在生活中的一些做法，这些做法总能给予我很多教育启示。

　　在与孩子们一起学习与游戏的过程中，我总会鼓励他们亲自实践，在操作中积累经验，在游戏中学会学习。这会带给孩子们无限的遐想和快乐，也会带给我一生受用的教育智慧。

奶奶的经验、后来的实践，都证明了要亲身实践、亲自操作，要虚心接受别人给予的忠告和建议，要认真对待每件事情，思考其中的道理，既不要盲目拒绝，也不要盲目服从。这不但是教育的智慧，更是人生的智慧。

三、家风是理想成长的土壤

我的家庭由爷爷、奶奶、父亲、母亲、我和我的两个妹妹组成。我读中学时，家里的经济十分困难。记忆中我上学需要的本子和笔都是用家里养的鸡下的蛋换来的，因此我对所拥有的东西都格外珍惜。即使小小的铅笔头已经攥不住了，我也依然会用一张废纸卷个小棒，将二者接到一起再继续用。在这种环境下长大，我形成了勤俭持家的品质，一直延续至今，虽然条件已经比过去好了很多，但我依然舍不得剩下一口饭菜，舍不得淘汰早已过时的衣服，任何地方、任何时候遇到开着灯但无人使用的情况都会帮助把灯关好……节电、节水、节约各种用品早已成为一种习惯。

我的母亲是一个非常勤奋、能干的人，挑胶泥、种小麦、编栅栏、给苹果树剪枝……她样样都会干。每天天不亮，母亲就起床下田劳动。我从没见过她睡一个懒觉，也从没听过她喊累、叫苦。也因为母亲平时工作非常认真，而且从不斤斤计较，所以乡亲们推选母亲做妇女主任。这个工作要应对的事情一点也不少，每天白天忙完了农活，晚上母亲还要帮助村里人解决问题、处理矛盾。

那时父亲在镇上工作，平时公务非常繁忙，家里的事务主要依靠母亲一人操劳，只有在周末的时候父亲才能帮母亲分担些。好在我们三姐妹能体谅母亲，排行老大的我从小就干起了能干的活。当时家里养了许多的牲畜：两头猪，两只羊，五头牛，鸡、鸭和兔子加起来有百余只。每天放学回来，我先把牛赶到大堤上，然后在牛吃草的时候，把猪、羊、鸡、鸭、兔子吃的菜准备好，等牛吃饱了，我再背着满满的一筐野菜回家。回到家给各种牲畜拌好食物后，我才开始学习。

母亲教会了我很多东西。记得有一年夏天特别热，村里的许多孩子脑门还有身上都起了痱子，母亲看了心疼，特意和我从地里挑了马齿苋回来，洗干净用水煮后，把熬好的汤擦在孩子们的身上。我惊奇地发现孩子们的情况渐渐好转，原来马齿苋也有药用的价值呢。顿时我心里有一种说不出的对母亲的佩服，也有一种为别人做好事、解决困难后的快乐之感。

现在母亲都已经 80 多岁了，每天还在练习写毛笔字。只要我们三姐妹回家，她都要拿出自己的作品显摆显摆，还要让我们评判个高低，仿佛得到我们的夸奖就是她最大的幸福和满足，简直就是个老顽童。

我生活在一个幸福的大家庭里，童年里经历的看似乏味辛苦的事情，以及从母亲身上看到的美德，都成为我一生幸福成长的财富。比如，在挑野菜的过程中，我不仅认识了很多植物，而且学会了有效地分配时间，懂得了时间的宝贵；又如，我通过割草赚钱买文具，理解了劳动的意义，形成了勤俭节约的好品质；再如，母亲用行为激励我以乐观的态度面对生活和困难，让我学会了坚强和大气。生活中的学习、家庭的风气、母亲的美德影响着我的价值观。

我想，塑造孩子的人格，让孩子获得终身的幸福体验、拥有美好的人生，并不需要多么高超的教育手段和方法。长辈们的勤劳、善良、真诚、宽容和仁爱……这些美德都是美好人生的土壤和养料，也是我们作为教育工作者的理想信念。

四、有一种智慧叫等待

我的母亲是一个做事情非常执着、一丝不苟的人，在这方面我和母亲很像。在上五年级的时候，我特别想自己去插秧。我并不是对插秧的过程感到好奇，而是想吃到自己种出来的大米。就像大部分的孩子一样，越不会就越想挑战，越受阻就越想尝试。

当时我看到大人们熟练地插秧，就觉得插秧是一件非常简单的事情。母亲告诉我插秧是一项辛苦的技术活儿，我反而认为母亲是不信任我，觉得我做不好会给大人捣乱，才不同意我去插秧的。后来我才理解，母亲是心疼我半条腿都要泡在冰凉的水里，舍不得让我体验。可是我执意要试一试，于是，我说服了母亲。下水前，母亲用毛巾为我裹好脚和腿，我穿上了雨鞋来到稻田里。稻田里的土被水浸泡得软软的，可不像在平地上走路，我走起路来是深一脚浅一脚的，一个趔趄，差点摔个大跟头，水也不知什么时候流进了雨鞋里。但迫不及待要插秧的我已经顾不上这些，开始模仿着大人们的动作，在稻田里挪来挪去。母亲插秧插得很快，一会儿我就被落下了好远。我的情绪有点低落，母亲鼓励我不要着急，慢慢来。可是小时候的我好胜、好强，被落下这么远，心里别提有多着急啦！我在尽量把秧苗插得整齐的前提下，不顾一切地往前赶。豆大的汗珠从脸上淌下来，流到嘴里咸咸的，掉进稻田里，竟也激起一片小小的涟漪，仿佛在给我加油。随着插的数量的增加，我的效率也越来越高。当母亲把她手中的秧苗都插好时，我也只剩下眼前的一点了。母亲说要帮我，但我坚持要自己完成，于是母亲就去帮助邻居大妈了。我的劲头一点都没有减少，反而信心不断增加。

终于插完了最后一棵秧苗，我直起腰，深深地吸了一口气，再慢慢地吐出，然后抹掉脸上的汗珠，微闭双眼，微风拂来，顿时一股成就感涌上心头。可当我睁开双眼，打算好好欣赏一下我的杰作时，却发现我插的秧苗都漂在了水面上，而旁边母亲插的秧苗都稳稳地扎在水里。这是怎么回事？我感到特别委屈，眼泪不争气地流了下来，但一扭头，看见母亲正在远处微笑着望向我。我假装抹汗，偷偷擦掉脸上的泪水，冷静下来仔细观察母亲插的秧苗，发现那些秧苗要比我插的矮一些，一下子我就明白其中的奥妙了。我太心急了，插秧苗的时候插得不够深。找到了原因，我放松了一下身体，就开始了我的补救工作，我把漂在水上的秧苗一缕一缕地捡起来，再逐棵插进水里。

这一次，我不再有和别人比赛的心理，而是认认真真地插好每一棵秧苗。这次，我没有感觉到时间很漫长。当我再次把秧苗插好，母亲和邻居大妈也来到了我身边。大妈看着我忍不住地夸赞："这孩子真厉害，干啥像啥。"听到这句话，我心里的喜悦顿时涌出。虽然我发现不但我的裤子全都湿透了，而且上衣的袖子也因完全被浸泡在水里而贴在身上，十分狼狈，再加上秧苗把我的脸和胳膊剐蹭出一道道痕迹，被汗渍浸着，我感觉隐隐作痛等；但是，我被幸福包裹着，辛苦插秧体验中的不舒服和遇到困难时的痛苦都好像跑得无影无踪了。

现在回想起来，我觉得母亲真的很伟大。那次插秧，虽然母亲去帮助了别人，但一直在暗中关注着我，她给了我自己探索、发现、纠错的机会。在我感到特别委屈、生气的时候，是母亲的一个微笑鼓励着我；在漂秧的时候，母亲的选择是等待我自己解决；在我最终将秧苗插好后，母亲又不忘及时赶来肯定我，让我充满了自信。这块小小的稻田就如我人生的试验田。人的实践能力从哪里来？不是来自说，也不是来自看，而是来自踏踏实实地做。就是因为母亲给予我实践的环境和机会，我才形成了永不服输的坚强性格。而从母亲身上获得的教育智慧也让我受益至今：选择一种无声而又充满智慧的教育，懂得等待与关注，让孩子在信任的目光和鼓励交流中成长，这是帮助孩子成长的有力手段。母亲就像我的导师一样，她在默默地影响和支持着我，让我找到了幸福的方向。

五、与这世界温暖相拥

"愿你与这世界温暖相拥"是作家毕淑敏一本书的名字。她是我很喜欢的作家，每当读起她的书，我都会自然地安静下来。"也许我们每个人在自己比较有力量的时候，最好能够抽空留下一些文字，在软弱的时候温习，让自己的骨骼补充一些钙质，坚强地挺直起来；在快乐的时候，也都能留下一些文字，包裹着欢笑的片段，自己在悲伤的时候复读一遍，嘴角就会不自主地微微翘起，愉快就重新潜回来发芽……那种使自己变得生机勃勃的动力是什么呢？谁来回答你呢？谁来帮你寻找呢？谁为你一锤定音？没有别人，只有你自己。只有当理想的光芒照耀着我们，而且它与广大人群的福祉相连，我们才会有大的安宁和勇气。"每当读到这样的文字，我就会情不自禁地与自己过往的生活对接。平日里我也会拿起笔，慢慢地用文字积累生活的片刻，不管是让人感到快乐的还是悲伤、无助的。有的时候回看那些文字，我都会惊喜于自己在当时怎么会有如此的思考和文笔。从毕淑敏的书中我感受到只有与世界温暖相拥，才会自觉推开生活的平淡，遇见生活的辽阔。从母亲身上我也看到了这一点。

20 世纪 70 年代，家家生活都不富裕。一年冬天，我们刚刚吃过午饭，家里来了一位衣衫褴褛的老爷爷，问我们还有没有吃的。母亲正巧看到这一幕，对我说："闺女，快把老爷爷请到屋里暖和暖和。"接着，母亲一边与老爷爷唠起了家常，一边和起面来。当时我真的有些想不通，为了省下白面，很多时候家里都会将玉米面和白面掺在一起来吃，但是，母亲却要求我给老爷爷烙了张平时我们自己都舍不得吃的白面鸡蛋饼。老爷爷很感激我们。临走的时候，母亲让我们和老爷爷说再见。就在我把老爷爷送到院子门口的时候，母亲又把老爷爷叫住了，原来母亲看见老爷爷棉鞋的脚跟部位鞋底与鞋帮都分家了，于是让我把父亲的一双棉鞋送给他。

老爷爷走后，母亲说："谁都有个难处，有困难大家就要帮一把。"母亲这几句朴素的话触动了我，这些话我也一直记在心里。

现在，每当想起母亲对待老人的情形，我心中就会涌起一种感动。我觉得母亲在用自己的行为告诉我要真诚地对待身边的每一个人，做一个善良的人。而做教师就是做人、做善良人的过程。我们不是简单地用所学习的知识教育儿童，而是用善良真诚的本性感染儿童。

2

我在释放天性中成长

　　"有一个孩子每天向前走去，他看见最初的东西，他就变成那东西；那东西就变成了他的一部分；在那一天，或在那一天的某一部分；或继续了好几年，或好几年结成的伸展着的好几个时代。早开的紫丁香变成了这孩子的一部分；还有草，白色和红色的牵牛花，白色和红色的苜蓿花，和鹟鸟的歌；还有三月里的羔羊……都变成了他的一部分。"[①]这是美国作家惠特曼在《有一个孩子向前走去》中的一小段论述，所阐述的中心点是小时候的成长因子会在长大后发酵。读后我很受触动。回顾我自己的成长，如果用两个字来概括的话，那么我的成长因子便是"自主"；如果要加以解释

---

　　① 多国多人：《献给孩子们——外国名作家为孩子们写的作品》，多人译，499～500页，北京，人民文学出版社，1997。

14

的话，就是自主管理、自主发现、自主探索和自主尝试。

一、嘘！孩子王上场了！

我家住在一个四合院里，院子中间是一棵很大的枣树。枣熟的时候，全村的孩子都会聚在我家，等着爷爷为我们打枣吃。我们相约在一起跳绳，模仿电视中的人物演杂技，玩自己随意创想、释放天性的游戏。在等待吃枣的这群孩子中，我最大，只有我到了上学的年龄，可以每天去学校学习，所以我比他们会得多、知道得多，小伙伴们也总爱围着我问这问那。在他们面前，我就特别想显摆一下我学到的知识。于是，我就在我们家的院子里，教孩子们识字、给他们讲故事、教他们数数等，也就是把学校里老师讲的内容向小伙伴们再重复一遍，俨然一副小老师的模样。那时院子里的土地既是我们的黑板又是我们的草稿纸，小树棍既作粉笔又是铅笔。总之，不管条件如何，我们几个孩子都在院子里玩得不亦乐乎。

小时候，农村的条件很艰苦，家家的生活都过得比较拮据。我们家的条件稍稍好一些，因为父亲在外面工作，每个月都有几十元钱的收入。有时父亲会给我买几本小人书看，这在当时已经算是奢侈品了。就是这几本小人书，给我们这群伙伴带来了很多欢声笑语。有的时候，奶奶会给我们改善伙食，做一些白面的食物，如馒头、烙饼等。每当这时，奶奶都会把这些好吃的平均分成几份，让我和其他小朋友一起分享。我呢，不仅和小朋友们分享小人书、好吃的，还把自己从小学学到的知识和大家一起分享。真如惠特曼所讲，分享已经成为我的一部分。与伙伴们一起，大部分时间我们都是在玩耍。我们玩的游戏都很简单，也不知道是从哪里学来的，如把胶泥摔在墙上，看谁粘得结实、粘得准，还有跳皮筋、猜字等。游戏的玩法、规则都由我们一起商量制定，谁说的有道理就听谁的，我们自己来做主，没有大人的干预。虽然这些游戏没有用到丰富的材料，但是我们玩得非常开心。

那时我们一起游戏，我做小老师的场景常引得大人注目。村里家家户户都熟悉，都愿意让孩子到我家院子里来玩，在我家的院子里聚集的大大小小的孩子也越来越多了。一次，邻居大妈见到这样场景就说："这孩子是个孩子王。"没想到大妈无意的一句话，竟说中了我终身从事的职业。

是的，那时候身为孩子王的我，有激情地"工作"，有创造力地"教学"，有奉献精神地"付出"，俨然就是真实版的小老师。而我做一名幼儿教师的理想也是从那个时候开始萌芽的。

二、做一个会玩的人

在小时候玩的游戏中，我最喜欢的就是拿着木棍当作长枪，扮演英雄驰骋沙场。到现在家中还保存着我七八岁时拍的照片，照片上肉嘟嘟的笑脸萌态十足，手中还握着一把比自己高许多的红缨枪。看到这把红缨枪，我的记忆一下子就被拉远了。

爷爷每年都会到山坡上采一些树枝，粗一些的用来编筐，细一些的就会被淘汰掉。一天，爷爷将淘汰掉的树枝放在了一起。那时正好热播电影《洪湖赤卫队》，里面讲要拿起红缨枪保家卫国。在我的建议下，那些被淘汰的树枝发挥了作用。我在征得爷爷的同意后和小朋友们一起动手制作起了红缨枪。我们自己动手把短的树枝系在一起，达到一米多的长度，一边稍稍削尖，然后再把尖部和杆之间削出一圈深印，最后请奶奶帮忙找了红头绳系在尖部的下面，就这样我们的红缨枪做好了。之后，我们自己创编游戏，大家扛着红缨枪学习齐步走。我还用稻草和玉米秆扎了稻草人扮演敌人。那时的我感觉每天都有做不完的事情，想玩的游戏、想探究的事情也特别多，每天都想着怎样"忙忙碌碌"地玩，每天都很快乐，连做梦时都是笑着的。

我常带着伙伴们玩，教伙伴们知识，被称为"孩子王"和"小老师"。其实我也是个孩子，只不过年龄比他们大上两三岁，我和他们一样有一颗爱玩的心、爱奇思妙想的心、爱创造的心，只不过我能够给伙伴们自由的空间，与伙伴们一起嬉戏，能够尊重他们的想法与选择，用真情、真心和真爱去编织我们共同成长的梦。

现在在工作中，我也常提议，老师要做个"会玩"的人，会玩、会闹、会找乐趣，这样孩子跟随着你才会日日有精彩、天天有盼望。正如小时候的红缨枪，每当我想起时，它所带来的快乐并未减少一分一毫；我儿时的伙伴亦觉如此，成年后再相聚时，他们还打趣地询问我是否还会做红缨枪呢。

三、探索与发现

小时候，树是我们最好的朋友。我们用树枝做弹弓，用树叶做哨子……就连老师教孩子们简单的算术时，都会利用树枝做教具：把它们截成一根一根相同长度的小棍子，每十根用橡皮筋绑在一起，一个一个地点数、十个十个地群数。我们院子里的小朋友都会数数，其实他们早已在生活中、游戏中、玩耍中学到了这些知识，并不是因为有了小棍子才学会数数的，小棍子教学材料只是把生活中学习到的知识以另一种方式加以呈现罢了。这些都是我小时候就发现了的，现在看来也正好验证了孩子的学习是在操作中、在实践中、在自己的尝试体验中进行的这一理念。

我从小就喜欢自己动手，会做很多小玩意儿，那时我的玩具基本上都是自己做的。我还特别喜欢爬树，甚至不顾父母的反对，见到什么样的树都往上爬。有段时间我特别痴迷这项运动，爬树的技能也越来越好，以至于我的裤子最先破的地方就是裤腿的内侧。刚开始母亲也会有责备声，总是心疼裤子破了需要花钱买，但奶奶总是会说：“孩子喜欢，就让孩子玩吧，小时候才有多长啊。”母亲听到这些也就不再唠叨，只是在我的裤腿内侧缝上厚厚的补丁。

我家院子里的枣树不是很高，在大约一米高的位置处分开三枝树杈，就像一只大手，牢牢地托着我。在炎热的夏天，这棵枣树长得特别茂盛，它茂密的叶子遮挡了炽热的阳光。它就像是我们家的遮阳伞。

一次，父亲的几位同事来家里做客。父亲看到有的枣已经成熟了，就让我给叔叔们摘些枣吃。我很高兴地答应着，“嗖”的一下就爬到了树上。叔叔们看见了，都夸我灵活、有本领，于是我更得意了，爬到了更高的地方。爷爷看见了，连忙喊道：“有虎虎①，别蛰到你!”奶奶也在下面说：

---

① 褐边绿刺蛾。

"小心点，别摔着！"可此时正得意的我哪里肯听爷爷奶奶的话，继续在树上爬来爬去，开心地摘着又大又红的枣，并用草帽把它们装起来。忽然，我感觉手和脖子被扎了，活动一下，疼得更加厉害了，我只得从树上下来。爷爷赶紧走过来，检查我的手和脖子，只见手上和脖子上起了成片的小疙瘩，爷爷断定就是被蜇着了，于是找来膏药涂在了我的手上和脖子上。没过一会儿，被蜇的地方就不疼了。

"一朝被蛇咬，十年怕井绳。"被虮蜇过之后，我对这种虫子感到有点害怕，但同时又感到好奇，特别想知道它长什么样儿，都藏在哪里。于是我央求爷爷帮我找虮虮，爷爷不忍我的哀求，开始在树上和我一起找。

终于我们发现了它，它隐藏得可真是太好了，牢牢地粘在枣树树叶的背面，那颜色简直跟树叶没什么两样，不仔细观察还真是很难发现呢。爷爷小心翼翼地给我摘下那片叶子，然后他做了一个出乎意料的动作，着实吓了我一大跳。爷爷把虮虮放到了自己手心里。我睁大眼睛看看爷爷，再看看虮虮，不知说什么才好。愣了一会儿，我佩服地看着爷爷，说："爷爷，虮虮是不是怕您呢？它难道就不蜇您吗？"爷爷大笑着说："我老了，虮虮已经蜇不动爷爷的皮肤喽。"这时在旁的奶奶说："爷爷在逗你玩呢！"经奶奶的解释，我才知道，虮虮毛绒上的毒液会顺着毛孔进入人体内，使人出现刺痛感。而手心的角质层较厚，所以毛绒是刺不进去的。哦！原来如此，虽然它蜇了我，但我还真不恨它，也开始不那么害怕它了，我也试探着把它放在手心里，它真的老实多了。

现在，我做了老师，有的时候孩子们会发现大自然中的某些生物，每次发现后大家都会尖叫着躲闪，但我总会淡定从容地与孩子们一起观察，以至于孩子们都很佩服我，老师们也都觉得我的胆子很大，殊不知，虫子就是我小时候的玩伴呢。按照教育观点来分析，爷爷把探索与发现的权利还给了孩子。北京大学王心仪在一篇作文中写道："感谢贫穷，你让我领悟到真正的快乐与满足，让我能够零距离地接触自然的美丽与奇妙，享受这上天的恩惠与祝福。我是土地的儿女，也深深地爱恋着脚下坚实而质朴的黄土地。"我也感谢当时的艰苦。不买玩具，就学会了自己制作；没有什么地方玩，就有了同伴之间的合作和嬉戏。那时每个家庭中孩子多，大人忙于生计，孩子可以做自己喜欢做的事情，有了亲近大自然、向大自然学习的机会，而大自然就是孩子最好的老师。

张雪门在《增订幼稚园行为课程》中记录道："凡扫地、抹桌、熬糖、炒米花以及养鸡、养蚕、种玉蜀黍和各种小花，能够实在行动的，都应让他们实际去行动。"①我深以为是，每一个人年幼时的好奇、好玩、好动会让他深深地爱上未知的世界，这种对大自然的热爱就是每一个人世界观和人生观的萌芽。

四、拾花生的智慧

以前，农村每个家庭都可以分到几亩自留地，其中油料地最为珍贵。油料地里可以种植花生、芝麻、向日葵、大豆等。一般人们会用它们来榨

---

① 张雪门著、戴自俺主编：《张雪门幼儿教育文集》，1089页，北京，北京少年儿童出版社，1994。

油，我的家里总会留下一些，等到村里有人吆喝着换东西的时候备用，什么黄豆换豆腐、芝麻换芝麻酱，过年的时候家里还会炒花生、炒瓜子来吃。村里也有种公粮的油料地。每年秋天，花生收割完毕、放闸之前，村里会允许村民们去公粮地里挖埋在土里剩余的花生，有点类似在古玩市场里捡漏。

村民们都在盼着这个日子，一到秋收，大家就会关注着生产队的工作进度。到了放闸这天，很多人早上三点就会起床，黑灯瞎火的，背着早已经准备好的筐和挠子来到地里。虽然会感到很困乏，但依旧兴致勃勃，摸着黑拾花生。

值得庆幸的是每次我拾的花生都是最多的，比母亲还要多上几捧。为什么呢？母亲让我给妹妹们介绍过经验！在沙土地里，每次先以最快的速度用挠子把沙土挠一遍，因为沙土比较松软，用挠子挠一遍就能够马上捡到落下的花生；在黏土地里，虽然不好挠，但黏土最容易把花生黏住，这种地里落下的花生也是最多的；当然，还有一个窍门就是要"溜边作战"，因为土地边上的花生最容易留在边缘的埂下。所以，有了这些经验后，自己就会拾得多了。

拾花生，是每一个农村孩子都会做的简单劳动。在物质匮乏的年代，劳动的重要意义是填饱肚子；但从教育层面来说，劳动的意义不仅仅在于感受和体验生活的不易，更重要的是使人们形成一种生活的态度，那就是乐观向上地去生活、去面对困难挑战、去主动想办法、去发现其中的乐趣，把日子过成热气腾腾的样子。

"劳动创造幸福，实干成就伟业。"当下倡导回归生活的幼儿园教育，但是回归生活的教育不是随意地将田间地头的劳动和幼儿园生活实践课程画等号，而是以劳动为途径开展课程，让幼儿在与周围事物相互作用的过程中懂得热爱世界、热爱劳动、热爱家庭、热爱生活、热爱每一个人。

五、编草帽的快乐

仲夏之际收麦子的时候是家家户户最忙的阶段，学校也会放假，让学生回家进行夏收，所以能参加劳动的家庭成员都会下地干活。田间地头好不热闹！站在田埂上，一眼望去，家家户户、老老少少都哈着腰，不停地挥舞着镰刀，忙得热火朝天。我年龄小不会割麦，就在田间看着大人们干活，也观察和我同样大小的孩子在干些什么。我看见小伟拿着母亲的草帽摆弄着，再看看村里许多大人都没有戴草帽，在火辣辣的阳光下脸被晒得通红，便向小伙伴们提议："我们来编草帽吧！"与我差不多年龄的孩子都积极响应，田间地头成了我们临时的草帽作坊。

可是，问题来了，我们都不会编草帽，该怎么办呢？大人们都很忙，于是我们决定自己解决问题。我们先收集了一些麦秆，然后把小伟的草帽拆开，试图看个究竟。孩子们似乎天生对制作活动更敏感，我们拆开草帽后，就发现了制作草帽的奥秘。我们互相学习、互相帮助，先把麦秆编成了小辫子的形状。在大家的共同努力下，小辫子很快就被编得很长了。我兴冲冲地跑回家，取来接下来要用到的针线。这时，大家都很兴奋，也一致认为一个草帽不能满足村里大人们的需要。于是我们分成两组，两个年龄小一点的伙伴负责继续编小辫子，我和另外一个年龄稍大些的孩子负责更有难度的工作，把编好的小辫子缝成草帽。分好工后，我们就忙活了起来。

缝制草帽真是个技术活，我鼓捣了半天，也没能缝好。最后，母亲过来帮忙，告诉我缝制的小窍门。原来缝的位置不同，决定了是让它呈扁平状还是呈立体状。在母亲的帮助下，我终于把小伟的草帽重新缝了起来，可是怎么都觉得不如原来的好。母亲把自己的新草帽摘下来，戴在了小伟的头上，然后把我们缝制的草帽戴在了我的头上。

她鼓励我们捡拾麦秸，在编小辫子前，把麦秸放在盐水中浸泡几个小时，晾干后再使用。母亲告诉我这样做可以延长麦秸的使用期，也能够使麦秸变得比较柔软，这样缝制成的帽子我们戴在头上才会感觉舒服。制作草帽的过程不是一帆风顺的，我遇到了一个又一个棘手的问题，母亲总是能够给我充分证明自己的机会，支持我不畏惧困难，在体验中摸索出方法。在一次次战胜困难的过程中，我感受到了学习的乐趣，也感受到了成长的幸福快乐。这种难得的成长机会丰富了我的人生经历。

童年的故事像天上的星星一样，璀璨地闪耀在回忆的天空中。要是用几个词来形容我的童年的话，那就是自由的、被尊重的、被赞赏的、被包容的！家庭的温馨、和谐，家庭成员间的以礼相待对我的影响是深刻的，也成为我做人、做事的宝贵财富。现在，我越来越发现"美好的童年只有生活世界里才存在，处在生活世界里的儿童才可能享有美好的童年"。

3

特殊事件对我的影响

一次参加业务学习时，年轻的主讲者邀请在座的老师们玩一个语言游戏，要求每人介绍自己的时候使用固定句式："你们认识我很幸运，因为我……"当我说出"你们认识我很幸运"的时候，总觉得战战兢兢，认为说出这样的话很容易被别人冷嘲热讽，但我还是勇敢地说完了："你们认识我很幸运，因为我可以让你们在一分钟之内哈哈大笑。"一起学习的老师被我的话逗乐了，有的已经哈哈大笑了。瞬间，我感觉自信心爆棚。

事后思考，可能我们所受的教育都是"要乖、要听话"等，导致在众目睽睽之下毫不吝啬地夸赞自己总是那么不自然。下面几句话是我对自己的要求的一个小结，相信很多人和我有类似之处：

作为学生，我要成绩优异，我要努力；

作为女儿，我要乖巧聪慧，我要完善；

作为大姐，我要先行先知，我要克制；

…………

从少年时代的我成长为现在自信阳光、乐观开朗的我，这是一件多么美好的事情啊！所以，我现在希望所有的孩子在成长的旅途中常有快乐相伴。

一、无声之爱的鞭策

谈起学习，大家最先关注的就是学习成绩吧！小学六年，我的学习成绩一直不好，说起来大概很多人都不会相信。因为家里姐妹多、父母忙，母亲早早地就把我送到了小学。我没有上过幼儿园，确切地讲当时村里也没有幼儿园，对集体生活就更不了解了。母亲每次回忆时都会说道："那时你每天在学校都不知道该干什么。"

在小学三年级结束的时候，母亲看我实在听不懂，也不理解教师上课所讲的内容，就让我重读了三年级。回想起来那时的自己确实无忧无虑，以为重读可以与小弟弟、小妹妹们一起玩，自己会成为他们的大姐姐，为他们做一些力所能及的事情，为此我还沾沾自喜呢。母亲也常重复地说："你又有机会认识新同学了！"大概是母亲怕我被人笑话吧！她就是这样看着、等待着、期盼着我的成长啊！

我的成绩依然糟糕，但母亲从来没有因此而批评、冷落或责备我。不过别看学习成绩不好，课下时间我可是最会出主意的，也是玩得最好的。课间 10 分钟的游戏时间，我是班级的活跃分子，带着大家画圈猜字、踢毽子、跳皮筋、爬树。现在想来,我从小就淘气,学习成绩又差,简直是家人的一块心病!

一次,家人以为孩子们都睡着后的聊天,让我悄悄地哭湿了枕头。我听见母亲和父亲在说话:"咱家老大长大后,会不会受欺负啊?没关系,大不了以后就让她陪在咱们身边。"

父母的爱是无声的,但是敲在我心上却回音不断。当我独自站在镜子面前,少年的烦恼不请自来。我愿意做个让父母为之自豪的女儿,可是该怎么做呢?那时的我暗暗下决心要努力学习,不让母亲着急。爱的宣言在少年的心里生根发芽。特别感谢父母的宽容和理解,让我纵享"成绩不行只会玩"的状态。在越来越懂事的过程中,我发现适宜的引导与无痕的教育不知不觉影响着人的一生,促进内心的觉醒,这也是鞭策我拔节向上的动力。

二、趁问题正在发生

有一次,母亲给我买了一条新腰带。这是我第一次系腰带,以前的裤子都是随意用一根布绳系的。腰带是帆布质地的,浅绿色的,很精致,勒紧一下滚动的滑扣就会扣住,再勒一下滑扣就会松动。有关这条小小腰带的故事至今令我记忆犹新。

那是在一个课间,孩子们一般对课间10分钟的长短把握不好,往往先玩一会儿,最后时刻才赶去卫生间。要是穿带松紧带的裤子或者是用布绳系腰的裤子还好,偏偏那一天我系了腰带,上厕所时怎么也解不开了，实在忍不住就尿了裤子。这么大了还尿裤子，我躲在厕所里害臊得不敢出来。上课后，老师在厕所里找到我，怕同学们知道这件事情后取笑我，悄悄地帮我换掉了尿湿的裤子。老师很用心，她先让我用一根绳子系着，然后在课上拿着我的新腰带让同学们做实验，尝试探索扣住和打开的奥秘。

老师的尊重，使我的心灵没有受到一点点的伤害，既保护了我的自尊心，又激发了我的自信心。尤其是老师让大家来尝试系系我的新腰带的问题教学方式，真是体现了大智慧啊！

趁着现在有问题，问题正在发生时，及时解决，多好的一节生成课程啊！一是让同学们都动手感受一下腰带的性能、特点，使每个人又学习到一项新本领；二是同学们尝试的过程，间接传递出解开这条腰带有困难的信息，使用时必须掌握好窍门。苏联教育家乌索娃提出："正确地组织儿童的生活和活动就意味着正确地教育他们。在各种形式的游戏和游戏时各种相互关系中所以能够实现有效的教育过程，正是因为儿童在这里不是学习生活，而是过自己的生活。"[1]我就是在过自己生活的过程中通过慢慢领悟而长大的孩子。我想这一位帮我化解尴尬的老师，不仅师德高尚，更是启智润心、因材施教的真正教育者。时至今日，我也当老师了，更明白了保护一个孩子的自尊心、帮助孩子建立自信心，对孩子一生的发展举足轻重。

---

[1]　［苏联］B. И. 亚德什科、ф. A. 索欣：《学前教育学》，北京师范大学外国教育研究所译，341 页，北京，人民教育出版社，1981。

三、写出你的真情实感

上学时，写作文是我的一大难题，每个月我都会躲避作文课，一说起作文就会头痛，抱着作文书都不知道抄哪个部分。老师让写五百字的作文，我即便数着"的、地、得"来凑数也很难达到要求。每到写作文时，我的脑子里就会一片空白，不知道该写些什么好。一次老师让写一篇命题作文《我的母亲》，我正好从作文书中找到了一篇，高兴极了，就把这篇作文工工整整地摘抄在了本子上。

没想到，在几天后的作文课上，老师竟然把我剽窃的作文当作范文朗诵，让全班同学学习。这真让我感到无地自容啊！我的脸红一阵白一阵，也不知老师说了什么，大概都是夸奖我的作文有进步吧。终于，盼到下课了，实在拗不过内心的煎熬，我找到老师，告诉了老师真相和自己的真实感受。老师知道后，告诉我写作文就和此刻的我讲出心里话一样，他鼓励我表达出我的母亲是什么样子的、她在家会做什么事情、我喜欢母亲的理由等，鼓励我重新写《我的母亲》这篇作文。后来，老师给我的批语至今我都记得："这篇作文写出了你的真情实感，我很喜欢。"虽然只有短短的几个字，但对我来讲，内心充满了喜悦和感激。从那以后，我醍醐灌顶，懂得了如何写好作文，许多篇作文都被当作范文让大家学习。我想，写作文与做人有许多相通之处，都是让我们在求真务实中成事、成人。

老师没有把我抄作文的事公之于众，也没有严厉地呵斥和指责我，更没有挖苦和讥讽我。现在想来，我的那一点点小聪明怎么能逃过老师的眼睛呢？老师只是没有挑明罢了，而是巧妙地让我自己意识到问题所在，再给予我适宜的帮助、鼓励和支持，等待我的成长。老师的教育方法一直给予我启示。

四、谈起不想弹的钢琴

上北京市幼儿师范学校后，我们有一门专业课——钢琴课，但由于我从小接触的是割草、犁地、种庄稼，哪有弹钢琴的天赋呢？那时，每学完一首曲子，老师总会留出几天时间让大家练习。学校为每个同学安排了琴房，但在琴房练习的时间每天只有半小时，往往上一个同学还没有结束练习，下一个同学已经在琴房门口等候了。所以，每排到自己时，绝不敢怠慢和偷懒，有时间时我还会在琴房周围溜达溜达，只要看到琴房空着，该来的同学还没有来，就会抓紧分秒练习。虽然如此刻苦，但回到课上，我的心里依旧没有底气，左右手还是哆哆嗦嗦的。明明在琴房里练习了无数遍，已经弹奏得很熟练了，但只要老师坐在我的旁边，我的手指就不听使唤。为什么会这样呢？后来我分析：只要在弹奏的时候出错或中断，老师就会让我们从那个地方开始弹。这样就真是难坏我了，别看谱子是摆在钢琴架上的，但我根本就找不到自己弹到了什么地方，因为我对五线谱并不熟悉，谱子在钢琴架上就是一个摆设。每到这时候，老师总是会用她那支永远攥在手里的笔轻轻地敲打我的手指。老师越是敲打我，我越是不会弹，即使日常练习得滚瓜烂熟的曲子，也会被我弹得四分五裂。

虽然最后钢琴考试也取得了优秀的成绩，但那是我付出了几百倍的努力换来的。一直到现在，我对钢琴还会有一种恐惧的心理呢！在弹钢琴上不是每个人都有天赋。美国心理学教授霍华德·加德纳提出多元智能理论，每个人都有自己的优势智能，教育工作者只有因材施教，才能让每个孩子发挥最大的潜能，找到幸福快乐的源泉！

不过，虽然刚开始学习弹钢琴时有过牢骚、有过气馁、有过放弃，但教师边弹边唱的场景却给我带来了无限的享受。钢琴老师的举手投足、一颦一笑间散发着教师的魅力，我都会默默效仿。现在我也更能够站在教师的角度理解爱和责任了。虽然那时老师对我多有责备，但练就了我的承受能力，以及克服困难、解决问题的张力等；相反，如果老师对我弹奏的情况得过且过，倒是会让我不知所措呢。

五、绘画重建我的自信

我是怎么从一个绘画新手变成同学们心中的绘画大师的呢？那真要从老师给予的鼓励说起。

与弹钢琴不同，在我看来，绘画是一件照葫芦画瓢的事情，就容易多了。我认真地对待每次的绘画课程，力争把作品都画得跟老师提供的范画一模一样。在老师一次次的点拨和指导下，我仿佛找到了绘画的重点，不再进行简单的模仿，开始精益求精地完成作业，果不其然我得了很高的分数。分数是很有魔力的，这种立竿见影的评价方式使我从此爱上了绘画，我的绘画作品常被当成范例，我也成了班中绘画课的指导小老师。后来，我有机会参加了北京大中专院校学生的绘画比赛。参赛作品我用了整整一个月的时间才画成，而且基本上每天都要画到凌晨一两点。老师的陪伴、鼓励、支持给了我强大的精神动力，最后我的作品得了一等奖。

第一次通过自己的努力得奖，那种兴奋难以言表，我的作品也被挂在了学校楼道的墙壁上。后来，墙壁上我的作品一幅幅多了起来，等到毕业时我的绘画作品已经挂满了学校的好多面墙，像是办个人画展一样。"绘画达人"的绰号就这样被同学们传开了，我的许多作品甚至还成了范画，被收录进大中专院校美术教材。

我的顿悟或者说开窍始于在北京市幼儿师范学校的学习生涯中，这里是我建立自信的地方，这里让我更加了解了自己、认识了自己，也发现了自己。自信的力量一直影响我到现在。因为有执着的追求，有做一名优秀教师的向往和强大的精神动力，有乐于为孩子研究、乐于助力孩子成长的初衷和愿望，我一直在努力学习。

在求学的过程中，我由刚开始的丑小鸭慢慢蜕变，期待变成美丽的白天鹅。幸运的是我遇到了一位位好老师，他们或者严格严厉，或者温暖温柔，但都充满了育人的智慧。老师对我人生的影响是深刻的，他们采用尊重、包容、支持、激励等教育策略，满足了我学习和成长的需要。教育过程中发生的点滴小事不仅影响着我的教育理念和人生信条，也引领着我的教育人生。

北宋张载的"横渠四句"——"为天地立心，为生民立命，为往圣继绝学，为万世开太平"，是我小时候读过一遍就念念不忘的。它不仅是我国知识分子的精神标识，而且是每一个中国人需要继承和发扬的优秀品质。

能与之共鸣，我想这就是理想信念的基因。正是因为生在纯真的年代，长在有爱的家庭，求学遇到良师，"成为教育人"的种子才在心中生根发芽，进而激励自己，使所行、所想、所念皆为理想而努力。

北国晴空，雄鹰展翅翱翔；光影洒落，投下少年的模样。感谢出生在伟大的时代，让我立志做一个有追求的人。

第二章

理想信念之基

　　看到"根基"二字，我立刻联想到老子的一句名言："合抱之木，生于毫末；九层之台，起于累土；千里之行，始于足下。"但以上似乎都有些物理化的意义。真正支撑理想主义者不畏困难、奋勇前行的，必定是心中最柔软的亲情和最高贵的信仰。虽然生活和工作中不乏琐事，但在有成就的时候，我总能听到家中亲人的欢呼，在彷徨迷茫之时，我也能迅速地调整、清醒地坚守。

　　在童年、少年时期，父母的价值观尤其是母亲坚毅果敢的品质，给予我力量；后来，我有了属于自己的家庭，人生翻开了新的篇章；迈上工作岗位，每一段经历都是一次历练，争强好胜、永不服输的个性，使我于不知不觉中过滤掉不美好的回忆，把欢乐的事情呈现出来。这些满满的正能量就是理想信念之基。

1

亲情的滋养

有这样一个故事：一位木匠做抽屉，他不仅要把表面打磨光滑，还要花费很长的时间把抽屉的背面磨得锃亮。许多人不解，就劝他说，买的人根本不会在意抽屉的背面，而且也看不到背面啊。木匠很认真地抚摸着自己的作品说："我自己在意，因为我能够看得到。"是啊，生活需要自己去感受，生活就是自己的情感投射。想把自己的生活过得精彩吗？那就要勇敢地做最好的自己。

我现在生活在一个三口之家，有一个堪称"贤内助"的先生、一个刚参加工作的儿子。要说时间，我留给家庭的时间确实太少了，但家庭中充满了和睦、彼此尊重的民主氛围。

家是最小国，国是千万家。家人需要陪伴，有质量的陪伴是什么样的呢？难道只有把大量的时间给予自己的小家才能提供高质量的陪伴吗？时间是影响陪伴质量的关键要素吗？如果我没有那么多的时间给予家庭，那么会影响陪伴质量吗？什么才是最关键的要素呢？生活是个大染坊，想让家庭成为什么样子，自己一定要先成为什么样子的人。"近朱者赤，近墨者黑。"想让先生成为有责任感的人，自己要先有责任感，然后也给他提供承担责任的机会；想让孩子拥有幸福的未来，那家庭中就要演绎幸福的剧目。

生命的长度是有限的，但是努力给自己、给家庭创造幸福的机会和空间是无限的。

一、我爱絮絮叨叨

生活中的鸡毛蒜皮会占据家庭时间，斗嘴还好，默默无语才可怕。做教师的时间长了，我似乎在什么地方都会以教师自居。虽然在家里絮絮叨叨有时会让人心情不悦，但其实，爱就是在一起说很多很多的"废话"！这句话确实有道理。

我每天都要说很多很多的话：与教师说话要准确精练，与朋友说话要拿捏分寸，与父母说话要彬彬有礼……我把成熟和体面都留给了他们，但庆幸的是，可以把"傻话"和"废话"留给爱人。因为在对方面前，我可以做本真的自己，不必逞强，不必事事都懂得。

在先生面前，其实我经常做的事就是道歉。在外面我们都爱面子，做事情前都会深思熟虑，尽量把事情做得完美，一旦道歉，很可能会伴随很多问题，心里会有不舒服之感。但是在家里就可随意。

"粥怎么没喝完啊？"先生不满地说道。

"抱歉，因为你做得太好吃，所以我就多盛了一些，可实在吃不下了，辛苦您帮忙喝了吧。"我絮叨着。

"衣服又扔在沙发上了。"先生拎着我的衣服吐槽。

"啊，抱歉啊，你的眼力现在真是不错啊，总能够发现我的问题，麻烦帮助我挂一下哦。"我回应道。

…………

家和万事兴，家不是讲理的地方，家是讲情的地方。这点和教育是相通的，尤其是幼儿教育，让孩子感受到爱很重要。那么，如何才能创设出爱的氛围，或者说爱的氛围是靠创设而来的吗？其实，对待幼儿就要像对待家人一样，从心而爱。

二、"懒人"的幸福

下班回家，我感觉家里很冷清，肚子也不听话地"咕咕"叫个不停，本来想趁着先生出差的时候实施一下减肥计划，看来又要泡汤了。平时都是他做饭，自然换着花样烹饪美食，我想让自己瘦出骨感美是不可能的。先生也从来没有同意过我的建议，就算软磨硬泡也要让我吃饭。吃先生做的饭成了我的一项任务，做好每天的饭菜也成了他的责仟。这样的生活不知不觉已经有 31 年了。

先生不在家，儿子也没有回来，于是我试着下厨做点什么。厨房里的锅碗瓢盆、柴米油盐我找了半天，看来先生不在家我吃饭都难啊。先生不放心，已经给我打了好几个电话，叮嘱我不要动火，生怕我忘记关火了或被烫着了，并告诉我一会儿楼下饭店就会把饭菜送到家。电话的那头焦急地嚷嚷着，我只有随声应和的份儿。他会把这些事情想得很细。我经常对先生说："你的身体一定要比我的好，否则你生病的时候我可真的照顾不好你。希望你能一直照顾我，到永远。"虽然先生也会嗔怪我乱讲话，但脸上洋溢着被需要的满足。

在家里，孩子也会让我有一种被呵护、被需要的幸福感。父母相爱会在孩子的心中播下一颗会关心、会爱护的种子。我经常幸福地想：我被两个男性保护着，这是一件多么美好的事情啊！儿子很小的时候就会炒菜做饭了，只要爸爸不在家，厨房就成了儿子一展本领的地方。坐在餐桌旁夸赞先生和儿子是每日的必然环节，以至于在工作中大家都了解我虽然不会做饭，但是个品鉴大师！想来这都是家庭的功劳啊！

生活就是柴米油盐。如何让柴米油盐的日子更有意思呢？那可真需要了不起的管理能力呢！能够管好家的人也一定能够管好工作。如若连几个家庭成员都"管"不好，家里被闹得鸡犬不宁的，可想而知，把一个团队交给他结果会是什么样子。所以在选择老师和干部的过程中，我都会悄悄关注一下他们的家庭情况，了解他们对家庭的认识、理解和管理。

幸福教育的样态到底该如何描述呢？正如"懒人"的家庭反而更能够激发出幼儿主动参与的兴趣一样。因为自己的"懒"，自然地把成长的机会、解决问题的方法、克服困难的挑战还给了孩子。有的时候我们会欣赏"懒人"的做法，因为不经意间"懒人"站在儿童发展的视角，把孩子能想的让他自己去想、把孩子能做的让他自己去做、把孩子能问的让他自己去问，让孩子自己去接触和探究大自然，让孩子有充裕的时间做自己想做的、能做的事情。这样的方式恰恰践行了陶行知提出的以"五个解放"的思想来培养儿童的创造力,也激发了每一位教师主动成长的内驱力。儿童能够"热气腾腾"地成长,这才是理想教育的模样。

三、子承母业

男孩子当幼儿园老师的比例相对较小。儿子所学的专业是学前教育,身边许多人知道我的儿子上了幼师学校后都觉得不可思议:幼儿园老师整天为鸡毛蒜皮之事喋喋不休,一天下来累得腰酸背痛腿抽筋,当妈妈的还没有干够吗?为什么还要让儿子接着干?再加上现在的家长对幼儿园老师的要求高,对自家孩子的期望也高,在幼教行业工作实在是太难了!

其实,儿子选择学前教育专业是他自己的意愿,我很尊重他的选择。当他决定做幼儿园老师时,我清楚明确地分析了男孩子在这个行业中未来可能会遇到的困难。儿子反驳道:"孟子曰,得天下英才而教育之,三乐也。我想感受快乐。"儿子从小就在听我眉飞色舞地谈论幼儿园中发生的好玩的事情,那简直是晚餐必不可少的"佐料"。耳濡目染下,他感受到和幼儿一起成长是快乐的模样,所以想子承母业,有何不可呢?这是儿子自己选择的道路,为人父母,应学会放手并予以尊重。

四、返老还童的父亲

因为幼儿园要办园史馆,所以前些日子我在家里翻箱倒柜地找老照片，却意外找到了几年前父亲给我写的一封信，喜极而泣。

父亲做什么事情永远都会持认真的态度，包括给女儿写信也是一样的。这封信是用毛笔写的，虽然没有多少字，但每个字都写得十分工整有力，每句话都能直击心底。

我儿继文：

老爸总看到你忙碌的身影，以后要多歇歇啊。你已经将近50岁了，原来老爸总是对你说，人有使不完的劲儿，劲儿会自然地长出来，所以要全力以赴，使出浑身解数对待工作、做好工作。但那是在你50岁之前的时候。现在老爸告诉你，工作永远都做不完，该休息的时候一定要休息，该锻炼的时候一定要锻炼啊。有了好身体才能够不给党添麻烦，才能够为党工作一辈子。

你很少来看我和你妈，那可是不行的。老爸老妈也都快80岁了，总会莫名地想到你，想到你傻乎乎的，像不知道累一样，想到你傻笑的样子，哎，一辈子都在提醒你笑不露齿，你都没有做到……

说实话，当年父亲给我写的信我都没有仔细地品读，或者当时看过了也没有往心里去吧。这次再见到这封信，如获珍宝。时隔几年，现在才读懂了父亲的思念，读懂了父亲的矛盾，读懂了父亲深深的爱，而且越读越感到深深的内疚，不知不觉眼睛里竟都是泪水……过去从来没有想过，"现在电话随手就可以打，这样费劲地写信到底有什么意义？"；也从来没有过像此刻这样回首再看父亲写给自己的信的感觉。我在心里与自己对话：难道自己真的老了吗？眼泪会莫名地、扑簌簌地流下来。

在我这么多年的记忆里，父亲一直是个不苟言笑的人，好像从不会用美好的语言直白地表达关爱，关爱中仿佛都带着责备的味道。记得刚刚上班时，我因为不适应幼儿园高强度的工作，再加上家长工作的复杂性，一度感觉压力很大，每天都会感到很疲惫，有时就会跟母亲发发牢骚。父亲听到后在旁边说道："年轻人只有在辛苦中才能获得成长，没有辛苦的过程就不会有成长的乐趣。从书本学习到实践学习的过程中一定会遇到很多困难和不适应，这正是你检验自己的最好时机啊！实践出真知，在幼儿园里要好好练就品格，这对于孩子们来讲是很重要的事情。既然选择当个孩子王，就要注入全部的精神动力。"父亲的这番话，虽然不会让我产生如听到共情式话语之后那种情绪上的舒适感，但对当时浮躁的我来说，像及时雨一样，经过深度的反思，心里的牢骚被一扫而光，还多了些决心和力量！

父亲平时总是一副严厉的样子，尤其是在退休后的第一年，经常会莫名地发脾气，我们姐妹三个只要回家看望父母，稍不注意可能就会惹来父亲劈头盖脸的批评。其实后来我发现他就是一个"好话不会好说"的人，明明心疼我们，但话从他的嘴里讲述出来就变成了一通指责，好像不在孩子面前立威严就不像父亲似的。好在我们姐妹三个都能够从父母的角度去思考问题，为了不惹不必要的烦恼，总会在父亲面前开展批评与自我批评，这样父亲的情绪也会缓和很多。

一次，我满含羡慕地与父亲聊天："老爸，您退休后可以想做什么事情就做什么事情，想几点起床就几点起床，想几点睡就几点睡，自己的时间可以自己做主，这是多么美好的事情啊！我也期盼着这一天呢。"父亲有点遗憾和伤感地说道："那是因为你没有到这个年龄啊，只有退休的人才会感受到退休的滋味。没有价值了，有什么可羡慕的呢?"这句话竟说得我哑口无言，我好像一下子理解了他。原来父亲是担心自己成为别人的累赘，担心自己没有了社会价值啊。

于是我想，要让父亲把所有的期盼和对我们的要求都表达出来，他就是我们的家庭导师啊！后来的日子，我们姐妹三个一有时间，就会像小时候听老师讲课一样，听父亲的唠叨，听他的教诲。我们发现父亲心情愉悦了很多，他大概能够感受到虽然退休了，但在对孩子们的培养和教育上还是能够发挥作用的吧！父亲这一生都是勤勤恳恳、任劳任怨的，时刻想着为事业付出、为祖国和社会奉献，就像他在信里说的，"为党工作一辈子"就是他的人生信条……

我与两个妹妹商量：父亲一辈子都喜欢忙忙碌碌的，刚刚退休也一定受不了这样的清闲，不如找件父亲喜欢做的事情让他做。思来想去，我们决定帮父亲开个小书店。一来，父亲喜欢看书、喜欢写字，开书店他肯定不会反对；二来，父亲有间自己的小书店，就可以看看书、写写字、喝喝茶、聊聊天，喜欢书的人也自然会聚在一起，这个场景想着就很美好；三来，书店里也不会有太多事情，父亲不至于太忙，而且我们回家的时候也可以陪着父母看看喜欢的书、聊聊书中的故事或在书店里发生的事情。说干就干，小书店很快建成了，就在父母住的小区里，这样他俩互相照应着，既方便又安全。

这里很快就成了父亲广交朋友的窗口，成了欢声笑语的聚集地，成了小区里很多人都乐于光顾的地方。这里上有七八十岁的白发老人，下有几岁的稚气孩子，还有青春年少的小伙子、小姑娘们。书店每天上午 9 点前就开门了，到晚上 10 点还有许多人不舍得走。而且没想到的是，小书店竟然成为方便小区居民的场所，学生会来这里看书和写作业，家长没有时间照看孩子时也会把孩子放到这里。许多人进进出出，这儿成了小区里最热闹的地方。

父母真是没有了寂寞，孩子们从老远的地方就叫着"爷爷""奶奶"，小书店一下子忙碌得不可开交，父母每天也早出晚归……我们姐妹三个看在眼里，疼在心上，有时候还开玩笑地说："也不知道我们这是孝顺父母，还是在给老爸老妈添乱呢。"看着两位老人家每天虽然忙碌，但脸上总是挂着微笑迎接每个人的样子，心里真是有种说不出的滋味。

小区里几乎没有不认识、不熟悉他们两个人的，他们已经成了小区里的红人。小区里有人找不到某个地方时，他人也都会以小书店为坐标，告知对方具体位置。几个在家里不听话的孩子，只要到了小书店，就像被施了魔法一样，也能踏实地、像模像样地看书和写作业。父亲还特意为孩子们开辟了作业区。过去小区的居民之间几乎不认识，但慢慢地因小书店而相互认识；原来并不熟悉我们姐妹的，虽然后来也记不住我们的名字，但见到我们后都会喊出同一个名字——老朱家的漂亮女儿。我们反而沾了父母的光，成了小区里人人皆知的"明星女儿"。

我有时候也真是纳闷：明明退休了、轻松了，每天反而"一点就爆"；但自从有了小书店，累了、辛苦了，倒好像返老还童一样。看来，有一种快乐是建立在为他人服务的基础上的，不服输、不服老，老有所为才会老有所乐呢。

习近平总书记强调"不忘初心、牢记使命"。我想老爸的初心和使命就是为他人做些力所能及的事情吧。他把理想信念和道德品质追求转化为具体行动，体现在平凡的工作生活中，这不就是中华民族的传统美德吗？他用自己的行动告诉我们，为他人服务的过程中体会到的幸福是更隽永的幸福，这彰显出社会主义先进文化的本色，体现出服务他人、助人为乐的奉献精神，他是为他人着想、释放正能量的表率。

爱国、敬业、诚信、友善，父亲以一颗平常心和自己的实际行动，于无形中践行着社会主义核心价值观，将其内化于心、外化于行。而今，我也到了快退休的年纪，虽然有时和好友聊天时会畅想退休后的生活，但真到了退休那一天，估计也会和父亲一样，会突然感到"没着没落"吧。我愿意沿着父母的足迹，传承优良家风，弘扬中华民族家庭美德，构建文明、和睦的社区关系，传递正能量。

这就是我的家，温暖温馨的家，正如一棵大树，为我遮风挡雨，护我一生安然。回家时，我像合翅休息的小鸟；工作时，我像奔跑冲刺的斑马。感谢给予我支持的先生和儿子，感谢一直是我榜样的父母，他们都是我坚如磐石的亲情根基。

2

成长的密码

"人生天地之间，若白驹之过隙，忽然而已。"从北京市幼儿师范学校毕业之后，我进入幼儿园开始做起了保育工作，后来做了教师，再后来做了保教主任、副园长，直到 1997 年做了园长，可以说幼儿园各个岗位的工作我都做过。不论身在何岗何职，我都时刻牢记自己就是一名幼儿园老师，永远把孩子放在心上的幼儿园老师。

每当踏着清晨的阳光走进幼儿园，看着操场上恣意奔跑的孩子和青春洋溢的教师，我总是会想到曾经的自己、曾经的同事，感慨时光飞逝的同时，也觉得自己是幸运之人，因为身边一直都有帮助自己的人。那些在我生命中闪闪发光的件件小事，就是我人生成长的密码。

一、感谢初为人师时获得的帮助

初时，我的感动来自北京市丰台第一幼儿园的文化。面试时，接待我的是范春荣园长，她严厉中带着慈爱，干练中带着执着。她给我讲述了幼儿园的发展目标：团结奋进、改革创新、热情服务、精心育人。后来又提出了"五个一流"的口号：管理工作一流、两支队伍建设一流、保教质量一流、教育环境创设一流、教职工收入一流。听完这些，幼儿园发展的宏伟蓝图立刻浮现在我的眼前。积极向上的教职工团队一下子把我的心吸引到了这里。在这里大家有着共同的愿景，有着共同的奋斗目标，有着共同的追求，为了每一个孩子的成长，没有一个人斤斤计较。我的第一堂课也得到了许多伙伴的帮助、支持和鼓励。在这里每个人都有展示自己的空间和机会，主要是会得到许多人给予的无私帮助，那种温暖令人难忘。

记得刚刚在幼儿园工作时，我不会管理孩子。我认真向主班老师学习，她带孩子们的时候笑容满面，与孩子们自然地游戏，孩子们都乐于与她一起玩，听她的安排。主班老师不在时，我模仿着她的样子，对孩子们讲一样的话、提一样的要求、做一样的手势。但只要是我带班，连平时十分乖巧的孩子都会给我出难题，班里时常会乱成"一锅粥"，大家把我的要求当作耳旁风，好像听不懂我在讲什么一样。我急坏了，可当时没有别的办法，只会偷偷地掉眼泪，心想：孩子们为什么都欺负我呢？难道他们不喜欢我吗？后来，在骨干教师的帮助下，我找到了班级管理中的方法和策略。就是这样，和谐的幼儿园集体给了我成长的空间，把我当作孩子一样等待花开。

初为人师青涩稚嫩，我还不知道怎样组织高质量的幼儿教育活动。怀着忐忑不安的心情，我开始了一节数学活动课——大班数学"2 的分解与组成"。虽然当时我知道大班的集体教学活动需要 30～35 分钟的时间安排，其中包括孩子们游戏和实际操作的时间，但是我只用了 15 分钟就讲完了全部内容。我心里想，2 可以分成 1 和 1，1 和 1 合起来是 2，就讲这么点内容，5 分钟应该就能搞定，再说孩子们都会了，为什么还要 30 分钟的时间呢？真是不可思议。现在想来，自己完全忽略了儿童的存在，没有了解儿童的年龄特点和发展需要，眼中、心中根本没有儿童，备课也只是背书本、背教案。这样看来，自己只是从成人的角度出发，凭借想象去处理教学的过程，当然就会觉得 30 分钟的时间太长了。如果我们用游戏的方式，关注到儿童对分解和组成的了解，在他们的游戏过程中对每个儿童进行评价分析，这样我们就会发现了解每个儿童的差异、尊重每个儿童的发展需要，在活动的过程中并不是那么容易实现的。

当时的保教主任对我的教育活动进行了点评，还指导我怎么让幼儿在操作中学会重难点内容。带我的老师也帮助我对如何上好一节数学活动课进行提炼和梳理，使我的思路逐渐地清晰起来。接着，年级组亲如姐妹的老师们又和我一起备课，为我逐字逐句地修改教案，哪怕是我无意中谈到的对于活动的困惑，姐妹们都会把自己的宝贵经验毫无保留地告诉我，让我感受到了和谐的工作氛围和温暖。

"有友若此，人生幸事"是我当时真实的感受。在日升日落之间，我幸福地成长着。真心感谢当时的领导和同事们无微不至的关怀和指导，让我开心地工作，享受初入职教师的特殊待遇，他们如同家人一般坦诚、真诚，为我的成长助力。

二、感激研究的机会

刚到工作单位不久，就听说幼儿园会选派一个人跟着北京电化教育馆搞课题研究。我知道自己是一名普通的中专毕业生，是刚刚分配到幼儿园的新教师，没有研究经验，没有带班经验，没有写作经验。怎么看，我都认为自己没有参与研究的资格。但凭着我对幼教事业的热爱，凭着对电教技术的兴趣，我怀着忐忑不安的心情找到范春荣园长，说明了我的愿望和请求。最让我感激的是园长同意了我的请求，这无形中给了我莫大的鼓励。

其实这个任务对我来讲也是莫大的挑战，我当时真的不知道如何下手，压力很大，心里的矛盾和顾虑难以表达。当时我真的有些后悔，心里默念着：一个刚刚毕业的中专生，备课这些基本功都掌握不好，就要做课题研究了，你行吗？你将怎样迈出这第一步呢？20世纪80年代，电化教育是幼儿园的新生事物，没有参照物，也没有现成的电教片供老师进行教学活动，所有电教片都需要自己绘画、自己设计、自己制作。本来，我在幼教战线上就是一个新兵，完成日常工作都需要花比别人多几倍的时间。比如备课，我每次都要写详案，把每句话都写得清清楚楚，若再遇到不熟悉的教材，备一周的课往往需要很长的时间。此时再加上电化教育课题研究，我真的有些力不从心，支撑不住。主要困难是自己不知道如何下手、怎么研究、向谁学习、从哪里借鉴，也不知道绘画电教片有什么好办法，电教片与孩子成长之间的关系体现在什么地方。

资料室的黄玲老师了解了我的困难后，从资料室查到北京市丰台区东铁匠营第一中学做电化教育研究有一定的经验，并且做出了一些研究成果和特色。我抱着试试看的态度，下班后坐了两个多小时的公共汽车来到该中学求教。大概是我的执着感动了老师，虽然已经到了下班的时间，但他还是教会了我如何制作抽拉片、覆盖片等。我的电化教育研究就从此刻起步了，我一下子找到了电化教育对儿童发展的意义和价值，迫不及待地想把所有我认为对儿童来说有意思的、常规媒体解决不了的问题，都通过电化教育的方式来解决。例如，为了让孩子看到下雨的动态的过程，我用幻灯片制作了抽拉片，激发了孩子的学习兴趣和探究愿望。在我的带动下，园里许多教师都喜欢上了电化教育课程，而我也把好的经验和方法传递给了其他的园所。

为了方便教师使用幻灯片等电教技术组织教学活动，我利用每天下班后休息的时间，把小班、中班、大班的语言教学故事的全部内容都制作成了电教片。把内容设计成什么样的片子？用什么样的方式呈现？解决什么重难点问题？每个幻灯片的设计过程都是与孩子对话的过程，都是对教材教法的研究过程，都是对课程目标的思考过程。其实，这些行为既不是园长的安排，也没有保教主任的指示，我只不过是把幼儿教师的需求变成了自己的需求，把在幻灯片加持下促使幼儿有乐趣地学习当作自己的任务，把为教师做点力所能及的事情当作一种幸福，从而方便教师把全部的精力用在观察孩子上。

当然，愿意如此付出，也源于我的成长过程中伴随着感激之情。感激园长的信任，为我创造了成长机会；感激保教主任的循循善诱；感激姐妹们为我的学习与生活提供帮助，使我有精力、有热情，不懈努力，勇往直前；感激孩子们活动中的欢呼和专注，这也是我不断前行的驱动力。

三、感恩违纪后的扣款

现在，我是幼儿园中的一名管理者。每当回忆发生在自己身上的最让人难忘的管理故事时，我都会联想到教育心理学中奖励与惩罚的作用。相信大家都喜欢奖励，夸奖表扬的话也都喜欢听，人之常情。可是惩罚也效果明显，带来了"猛药去疴、刮骨疗伤"之痛，实在让人难以忘记！我在当老师期间，便体验过这样的痛，有三次扣款让我至今记忆犹新，其中的来龙去脉时刻提醒我不忘规则和制度的约束作用。

(一)迟到 5 分钟的扣款

那时，幼儿园的制度很是严格，对一日生活的时间要求明确清晰，不容出现丝毫偏差。一天早晨，我正准备带着孩子们下楼做早操，不巧一位家长来给孩子送被褥。我想还是先把被褥交接好再带孩子们去做早操吧。如此一耽搁，到操场上时已经 7：35 了，按照幼儿园的时间要求，我迟到了 5 分钟。

很快，园长走到我身边告诉我，按照制度我要被扣 50 块钱。当时，我心里非常不平衡，憋了一肚子话要讲。我是因为孩子的事情才迟到的，而且仅仅迟到了 5 分钟，是不是园长故意和我过不去呀？我鼓起勇气，刚要为自己辩解，谁知园长转身就走了，还悄悄地甩给我一句话："扣款是因为你不服气、不理解，你好好想一想。"我的内心就像一个要爆炸的油桶突然被罩了一层冰一样。直到与孩子们一起做起了早操，火气才慢慢地降下去。

现在想来，幼儿园要把幼儿的发展放在第一位，虽然只耽误了短短的 5 分钟，但是毋庸置疑，孩子们活动的时间减少了。我没有尊重孩子们的时间，确实犯了大忌。园长的惩罚方式在当时的我看来是狠了点、重了点，但这对自己的成长来讲是一次很好的教育，我应该抱着感恩的心对待园长的严格要求，因为要求的背后是责任与爱。

（二）被褥褶皱的扣款

我当保育员的时候，幼儿园规定幼儿的床铺必须整理得整整齐齐、干干净净，不能出现褶皱。我是这一规定的严格执行者，每次整理床铺都很认真。有一次，我像往常一样将床铺整理完毕后离开睡眠室，但园长在检查时却发现有一床褥子、被子有褶皱。后来才知道是有个孩子在我整理完毕后，进入睡眠室拿东西，不小心将床铺弄皱了。

任凭我怎么解释，园长都像没有听见一样，依然按没有达到幼儿园的工作要求，扣了我的钱。我当时非常气愤，幼儿园怎么一点都不讲人情，不关心教职工的心理感受，就知道用扣款这一招，也不让教职工解释！我牢骚满腹，怨气冲天。不过仔细想来，虽然我整理好的床铺是被幼儿不小心弄皱的，但同时也说明在管理幼儿方面，我还是有需要提升的地方。

严格的管理，使我养成了做事一丝不苟的习惯，使我学会了向内看，也使我将"细节决定成败"的思维扎根于心底，受用于现在的管理中，成了不可多得的财富。所以每每想起这些小事，我总会抱有感恩之心，感谢园长的教诲。

(三)加班后的扣款

我家在房山区，离幼儿园很远，于是园长特意为我们几位离家远的老师安排了宿舍。周一到周五，我有充裕的时间在幼儿园学习。我对自我的要求比较严格，今日事必须今日毕。每天晚上，除了做好当日的总结反思、写下当日的教学日记以外，还要把第二天的计划安排做好、把材料教具准备好。

我把全部的精力都用于幼儿园工作，但一件事的发生简直让我心灰意冷，情绪下降到谷底。每次全园检查卫生时，我们班级都是表现最好的，因为任何一个地方都不会有污垢出现，给玩具和材料消毒也已经形成了基本常规。但这次检查完班级卫生后，我的宿舍门也被打开了，园长在没有给予任何通知的情况下，带着卫生检查组来到我的宿舍，还把我的宿舍当作反面案例，邀请全园教师一一参观。当时最大的问题就是桌面杂乱，毛笔、颜料、书籍等物品摆放不整齐。我抬不起头来，心里嘀咕："我们班级搞好卫生就行了，为什么要来检查我的宿舍？宿舍是私人空间，又碍不着幼儿园的工作。再说了，领导只看得到问题，却看不到我的付出和努力，我每天都工作到凌晨，哪儿还有时间搞卫生啊！宿舍的桌面上，哪一样不是工作材料啊？我是干得越多，越容易出问题。我从来都得不到园长的鼓励，每次只有扣款和批评指责……"

　　当天晚上，我没有吃饭，没有看书，没有画画，没有写字，只是愣愣地躺在床上，眼泪止不住地往下流。等到幼儿园里其他人都离开了，我索性就大声哭了出来，想要发泄一下心中的不满和委屈，不知什么时候就睡着了。迷糊之中，园长悄悄地走到我的身边，叫我的名字。平生我第一次不顾礼仪，装作没有听见一样，没有起床，没有理睬她，依旧闭着眼睛。她在宿舍转了一圈，放下两包饼干就走了。过了不知多长时间，肚子咕咕地叫了起来，我起床，洗了把脸，拿起那两包饼干，一边想着事情的来龙去脉，一边吃了起来。吃完后似乎想通了，也就不觉得那么委屈了。

　　这可以算是我工作中的一次蜕变吧！我好像一下子成长了、成熟了，能从多方的角度思考问题了。我开始理解惩罚源于领导对我的信任和鞭策，理解园长的严格管理、一丝不苟的工作作风和精益求精的工作态度，理解领导盼望教师成才的心理，理解一所好的幼儿园要从点点滴滴中做起的道理。最主要的是，我读懂了园长的信任——相信我具备把一切事情都做好的能力，相信我拥有战胜一切困难的意志，相信我能够调整好心境，相信我能够克服任何阻力，做一个最好的自己。

四、感悟教育者的角色

　　环境是无声的教师，每所幼儿园都非常重视环境的作用，它已经成为课程的一部分。我所在的幼儿园每学期都要进行环境创设评比，每当这时，各个班级的墙饰都十分漂亮、丰富多彩。马上又到环境创设评比的时候了，我与孩子们商量做什么墙饰比较好，孩子们异口同声地回答道："孔雀。"原来，几天之前，我们班的孩子到孔雀园里欣赏了孔雀，孔雀美丽的羽毛以及孔雀开屏时的震撼情景都给孩子们留下了深刻的印象。从孔雀园回来后，孔雀就成了孩子们讨论的热点话题。看到孩子们很感兴趣，我就鼓励他们开动脑筋，思考该如何制作孔雀，把美丽的孔雀留在我们的班级中。孩子们提出了各种办法，最后我们采用了一个孩子的建议：先利用硬纸板剪出一只孔雀的形状，然后利用白纸剪出孔雀羽毛的形状，并涂上颜色，最后将羽毛粘在孔雀身上。能想出这样的办法，我真惊叹于他们的创造力！

很快，我和孩子们开始动手制作孔雀了。我把白纸发给孩子们，他们剪出的形状跟孔雀羽毛非常像。涂色时，有的孩子选择了比较鲜艳的颜色，有的孩子选择了比较接近真实的孔雀羽毛的颜色。想不到这么小的孩子竟会观察得如此细致。我鼓励孩子们将制作好的羽毛粘到我们做的孔雀身上，孩子们特别高兴，粘的时候也特别小心。最后一根孔雀羽毛粘好了！有多少根孔雀羽毛呢？又有几种颜色呢？虽然用成人的审美眼光去评判它，肯定觉得它不够漂亮，但是当我看到孩子们兴奋的表情时，我就知道在孩子们的眼里，这只孔雀就像真孔雀一样让他们着迷。

自制的孔雀活灵活现，我又鼓励孩子们想象一下：孔雀在干什么呢？它在哪里翩翩起舞呢？孩子们有的说在草地上，有的说在森林里，有的说它在参加动物舞会……孩子们都有自己的奇思妙想。于是，我继续鼓励孩子们将想象的情景用彩笔画下来，孩子们再一次沉浸在创作的乐趣当中。有的孩子静静地画着，有的孩子低声自言自语地说着这里怎么样、那里有什么，还有的孩子求助于我，要我指点一二。感受到孩子们参与的热情，我对这次评比活动也充满了信心。

很快评比结果就出来了，我们班居然得了第一，但是倒数的第一。这不禁让我失望透顶。有些老师评论说，这只孔雀不够漂亮，孔雀的艺术美没有表现出来，班里的教师一定没有用心制作，没有下功夫。听到这些，我很是困惑，创设环境的目的到底是什么呢？幼儿园的环境是给谁看的？到底该用幼儿的审美眼光去审视墙饰还是由成人代劳？教师手里都有一张评价其他班级墙饰的评价表，但应该怎样评价才最有价值和意义呢？我一直觉得幼儿园的活动重在让幼儿参与，我们不该站在成人的角度去评价教师的工作，而是要观察幼儿的反应是什么，幼儿是否喜欢。我们总说要以幼儿为中心，但是在实际的工作中，到底有没有重视幼儿的观点呢？到底有没有给幼儿说话的权利呢？

教育应该站在幼儿的立场，要着眼于幼儿的长远发展。要做到这一点，教师必须蹲下来，看看孩子们在干什么，听听孩子们在说什么，问问孩子们感受到了什么，把教师与孩子的游戏变成孩子与孩子的游戏。这是我第一次有了这样的教育理念和认识，便把它们整理成反思写在了备课本中。

在周一例行的会议上，保教主任针对我提出的观点鼓励大家辩论。正如《礼记·中庸》中提倡的，"博学之，审问之，慎思之，明辨之"才能"笃行之"。"审问"和"慎思"让脑子里装满问题，为了解决问题，我们要勇敢探索、尝试。评价的标准该由谁制定呢？是环境的直接受益者孩子，还是高高在上的教师，抑或是幼儿园的领导者呢？制定的视角应该是怎样的呢？在你一言我一语的辩论中，我的观点得到了大家的认同。那一刻，我觉得做一个爱思考的教师是一件幸福的事情。

之后读苏霍姆林斯基的教育专著时，我感悟到"人"应永远被放在教育的中心，一切教育活动都应指向"人"。当教育主体是孩子时，所有的评价也都应指向孩子。

五、感慨成长的蜕变

虽然当教师期间被扣款的经历让我懂得了遵守制度的重要性，但我并不希望如今的教师在学会遵守制度的过程中也承受这种"猛药去苛"之痛。因此，刚刚当上保教主任的时候，我体恤教师的辛苦，面对不太严重的问题时常采取睁一只眼闭一只眼的态度。检查卫生时，看到边边角角打扫不干净，我便会叮嘱一句"赶快收拾一下啊"，但不再检查第二遍，导致其他教师检查卫生时，有的班级的教师振振有词："朱老师检查的时候我们班是合格的，怎么现在又不合格了呢？"我听后为自己的不负责任而感到羞愧。因为我的要求、标准一再降低而导致教师对工作的要求降低，这不是对同事的体谅和帮助，而是渎职的表现。自此，我便严格以制度和要求为标杆，不再私自做出降低要求的调整。

我当教师的时候，很上进，几乎每年都有论文、课例获奖，荣誉颇多，加上家长给予的肯定，常常激情满满，充满成就感。可是，当上保教主任之后，工作内容发生了变化，我常常和教师一起谈论主题、教案、课程。以前，每当教师获奖的时候，我便有些失落：忙于为他人作嫁衣，不会让自己的"稻田"荒废了吧？慢慢地，我的心态发生了变化。教师遇到问题时总会找我商议、和我一起讨论，这时，我感觉自己像一棵大树，感受到自己被教师需要，感觉自己被成就感包裹，也感受到春泥护花的无怨无悔。我期望能够达到这种"我将无我"的事业境界。

幼儿园工作中发生了许许多多件小事，每件事都给予我深深的启迪和鞭策，好像在告诉我，要想成就一番事业，必先苦其心志、劳其筋骨、饿其体肤。我在严格、和谐、温馨的环境中成长着，大口汲取着幼儿园给予我的养料！

3

初心不变，勤思勤问

　　一个人真正感觉自己活在世上，是在有了判断能力之后，尤其是在他人的影响下，有了浅层次的人生规划之后。上班后，领导常常夸奖的人成了我的学习和模仿榜样。记得当时保教主任让我们传阅一个老师的教育反思，俊秀的字迹、翔实的描述、有理有据的分析、切实可行的策略让我羡慕好久，以至于每次书写教育反思时我都会加以模仿。当了管理者之后，我开始阅读大量管理书籍和教育书籍。我敬佩行业内知识渊博的专家，于是，我带领队伍不断研习专家的观点，聆听专家的话语，拜读专家的书籍。向上、向前、努力，相信这是多数人的人生追求。

　　随着年龄的增长、阅历的增加，我逐渐思考人生真正的意义。该采取哪种方式度过自己的一生呢？或磨炼灵魂使人品日臻完美，或特立独行使个性得以彰显。无论如何，都需要认识自己、发现自己、管理自己，最后成为自己。

一、我是谁？

我从事幼儿教育事业已经 30 多年，做了 20 多年的园长，虽然已经 50 多岁了，但还像个长不大的孩子，童心永驻。这辈子选择幼教是我最开心的事。一个国家的文明程度可以通过成人对待孩子的方式看出来。是啊，我们每天都与孩子朝夕相处，我们是怎么对待孩子的呢？孩子是不是他自己的主角？

园长是靠思想行走的人。园长应该有独特的符合儿童发展需要的教育思想。在长期的实践与思考中，我越来越意识到只有让儿童成为他自己的主角，才能让他遇到最好的自己。怎样做才能让儿童成为他自己的主角，让他遇到最好的自己呢？

首先，我要让自己的"心"沉下来，把"事"放下来，将"研"深下去。我常常问自己：什么是教育家？教育家应该有什么样的特质呢？我想，首先教育家心中要装着孩子。我们每名教育人的人生都是一本书，这本书写得薄还是厚、写得平庸还是精彩，完全靠自己的态度和行动。哈佛大学得出了一个颠覆性的研究结论："挑一个好教师比培训一个好教师更容易。"研究用数据驳倒了"教师经验越丰富，教学越成功"这一大家普遍认同的观点。好教师不仅表现为经验丰富，更与热情、激情、耐心、投入、乐观积极的态度、宽广博大的内心有关——这源于"人"的自我修为。自从选择了教育，我就问了自己这样的问题："我的教育人生"这本书应该怎样书写？

我能为教育做点什么呢？做教育要学会"慢"下脚步，容不得急功近利，容不得半点疏忽，容不得让自己平庸。因此，我坚信做教育首先是做自己，自己是自己的主角。

其次，我要让自己成为身边人悦纳的人。大家普遍认为，做管理者就是要管理别人。刚做园长时，很多有经验的前辈告诉我，只有敢于大胆地管理别人，才能成为优秀的管理者。但做园长的时间越长，此观点就越容易被打破。管理就是管好自己，用放大镜看身边人的优点，用显微镜看自己身上的缺点，让每个人都成为自己的主角，张扬每个人的个性，发挥每个人的潜能。想让身边的人成为什么样子，自己首先就要成为什么样子的人。

上述两点是我在默读自己时的感受。有一首歌曲令我印象极为深刻，到现在，我仍会不自觉地哼唱："长亭外，古道边，芳草碧连天……"李叔同的歌词恬淡典雅，总会让我内心安静，向往乡间美景，可能是小时候与土地接触颇多的缘故吧。成年后我依然有一种特有的愚钝，默读自己的时候想得最多的依旧是工作事宜，我想，把工作当事业的标志应该就是时刻挂念工作。

二、我是我

阅读心理学相关书籍时，我看到过这样一则小故事。有一位国王，驼背弯腰，因为嫌自己的样子难看，所以脾气暴躁。一次，王宫里来了一位雕刻家，雕刻家很想为尊贵的国王塑造一座雕像，国王觉得这是对自己的侮辱，当场就拒绝了。雕刻家问其缘由，国王不开心地说道："我的样子这么难看，雕刻出来能好看吗？"

雕刻家没有理会国王的意见，按照自己的意愿，开始雕刻起来。一座宏伟的雕像呈现了出来。国王看到后，震惊地问道："我看起来这么气宇轩昂吗？"雕刻家回答道："在我心中，您是国王，这展现的就是国王的气势啊！"

从此以后，国王常常站在大殿中，面对理想中完美的自己沉思。慢慢地国王也变了，他的背逐渐挺起来了，腰没有那么弯了，脾气也好了很多。大臣们每到王宫觐见国王的时候，都会看到巍然可敬的雕像，赞叹道："和国王一模一样啊！"

这就是皮格马利翁效应的体现，也启示我们，每个人都是自己命运的建筑师。只要我们朝着心中的自己努力，日积月累，就会成为理想中的自己。

(一)管好自己，学会谦卑

教育就是培养人。我们要培养什么样的人呢？这是教育要回答的首要问题。"国有贤良之士众，则国家之治厚；贤良之士寡，则国家之治薄。"培养德智体美劳全面发展的社会主义建设者和接班人是对培养目标的概括，这就要求教师成为筑梦人和追梦人。

怎样才能成为这样的人呢？学会敞开园门、敞开心扉办教育，欢迎四面八方的朋友来到幼儿园，通过不同视角的审视，发现自己的真问题。在批评和质疑中，分析问题、思考问题并完善自我。其实，批判自己的过程就是成就自己的过程。我认为，教育就是不断找问题的过程，找不到问题才是我们最大的问题。

记得一年春季的时候，某一学习班的老师们来到幼儿园。进到班级学习了一日之后，他们对孩子们常规习惯的养成赞叹不已，便询问我：

"朱园长，你们培养孩子的常规习惯有什么好的方法吗？"

"你们在进餐环节使用了哪些策略？"

"你们幼儿园有关于养成教育的课题成果吗？"

"有视频录像可以让我们学习吗？"

"要不，给我们讲一讲在养成教育方面你们幼儿园的具体做法？"

⋯⋯⋯⋯⋯

老师们的问题一个接着一个，我的大脑飞速地转动着。养成教育确实是幼儿园建园后一直研究的课题，可是近几年的研究有哪些创新呢？除了一些文字资料，怎么没有视频、音频、图片等更多形式的资料呢？我们的养成教育处于"做得好"但是"说不出"的状态。我开始虚心接受提问题老师的建议，并一一记下来，对照着幼儿园研究课题的深入性和课程成果的多样性的要求进行完善。

现在，我们的养成教育结合《3—6岁儿童学习与发展指南》，以及幼儿心理健康教育等，形成了系统化的成果：有关于每个生活环节的视频，如消毒环节教师的规范做法、进餐环节教师的指导重点、离园环节家园互动的话语等；另外，在幼儿园公众号平台上定期宣传教师的教育策略，给予同行启发，也向家长宣传有关养成教育的育儿方法。

管好自己，学会谦卑，俯下身来才能发现不足，促使自身进步。

（二）管好自己，学会学习

学习是一种习惯，是一种能力，引导着我们踏上人生的阶梯。我的学历不高，北京市幼儿师范学校毕业，而现在教师队伍中90%以上都是毕业于师范大学的本科生和研究生，这就更需要自己向身边的人学习！

总结起来我有三种学习方式：一是站在智者的肩膀上倾听学习，与专家智者对话，聆听大师的教诲，品味大师的故事，跟随大师的脚步，践行大师的思想；二是以自己为对象回顾学习，不断梳理成长过程中的案例笔记，加以反思，写好每天的日记；三是以团队成员为对象对比学习，了解团队中每个人的闪光点，虚心请教，在众人面前永远做学生，在快乐发展中做最好的自己。

单位里来了一位年轻的教师，她是毕业于北京师范大学的研究生，知识丰富，专业理论扎实，教育反思和教育笔记写得很优秀，不仅观察角度和分析角度新颖，而且对事件的描述可读性很强。通俗来讲就是，她写的教育反思能让别人看得进去，甚至可以说，读她的教育反思是一种享受。要知道，写教育反思几乎是园里老师们最头疼的事情，即便绞尽脑汁也写不出几句话来。尽管来来回回培训过多次，但是收效甚微。

一次，我们请这位老师给大家传授书写教育反思的小技巧。她说道："我最开始写作是因为买衣服。我特别爱打扮，但是学生时代的自己又没有多少钱，所以每次买了新衣服后我都会记下来，如什么时间买的、花了多少钱、买了一件什么样的衣服、别人是怎样评价这件衣服的、我自己又是怎么想的等。慢慢地，我不仅了解了自己花了多少钱买衣服，也归纳出了一些买衣服的心得，那就是冲动的时候别买衣服，否则可能买来也不怎么穿。"大家被她的解说逗得哈哈大笑，培训刚开始的沉闷一消而散。她接着说："其实写教育反思也是一样的，不一定要写得多么深奥，但是一定要写真实的、对自己触动大的事情。比如，小朋友对我们表达爱意，他在什么情况下说了什么话；或者小朋友说了哪些幽默的语言；或者发生了什么让我们发火恼怒的事件。例如，一个小男孩在户外活动时想到了滑荡桥的新玩法，大班男孩子抗议说'凭什么女孩子可以先玩滑梯'等，都是有意思的事情，都可以写出来。"老师们笑了，围绕着日常工作中司空见惯的小瞬间，大家滔滔不绝，讲了许多有意思的事情。这位老师看到大家已经开窍了，便继续升华："每日的感想会消失，我们必须用写教育反思的方式把教育感想留住。这样不仅会对自己的专业发展有所促进，也会让我们感受到每日工作的快乐和美好，让教育人生变得绚丽多彩。"

上述案例中，学历层次较高的老师由浅入深地指导其他老师书写教育反思，让完成这项工作任务变得有趣好玩，同时让大家知道从哪里下笔，书写自己对生活的价值……从她的身上，我学会了培训教师时要关注教师的关键困难点，让任务内化为和自己有关的有意思的事情，激发教师的积极性。这是对我的启发，也是我需要向团队成员学习的地方。

(三)管好自己，养成习惯

读书、思考、研究已成为我的习惯。

我购买的书籍颇多，既有专业书籍，也有其他书籍，都是经过精心挑选的。每本书我都会反复阅读，我还会反复自问、反复追问，不会草草翻看，而是学会了对照自己的工作深度阅读。而且，越学习，我越切身感受到自己的无知与浅薄。我做了大量的学习笔记，写了大量的心得体会，我发现越学习越有许多不会、不懂的地方。工作、学习、成长真的永远在路上。

我案头放着一本当代教育家、北京教育学院原院长、北京教育学院荣誉教授温寒江先生所著的《温寒江教育文集》，其内容丰富，涉及了教师培训、教师能力、教学理论、课外活动、形象思维、学习理论，以及美育、劳动教育等诸多领域，既突出特色，又十分全面。温寒江先生于浙江大学毕业，不论是在担任北京市第三十五中学、北京市第四中学、北京市第八中学校长期间，还是在担任北京教育学院院长后，都耕耘不辍，始终把精力放在细心观察和研究教师的教学、学生的学习问题上，开展教育改革实验，构建了以形象思维为重点、形象思维和抽象思维相结合的思维理论、技能理论、创新理论、学习理论，形成了具有鲜明实践特色、中国特色的学习学理论，在理论界和实践界都产生了重要影响。温寒江先生的研究符合习近平总书记对教育和教师的期待，与新时代教育发展的要求是合拍的，在今天建设教育强国的过程中仍然有突出的时代价值。这也是我反复阅读他的著作的原因。

(四)挑战自我，实现飞跃

要想了解孩子，最好的方法就是走进他们的生活，和他们一起游戏。我给孩子们带去绘本《妈妈的礼物》；连续两年，我都参加了《学前教育》和《早期教育》杂志合办的"中国幼教南北精品活动展示"活动；作为特级教师和多年的管理者，我亲自带着孩子们参加全国的公开展示课。有人问我：如果您的课没上好怎么办？您都是特级教师了，还用冒这个险吗？其实，不怕出丑是我给教师的礼物，也是鞭策自己成长的智慧要诀。只有不断挑战自我，才能实现理念和实践的飞跃，由教育理想主义者变成实践家。

组织大班科学活动"棉花糖挑战赛"时，我和孩子们一起挑战新的纪录，兴奋！激动！因为每一次与孩子们在一起都像是在探索未知世界，每一次的挫败都会让自己更深刻地认识到成人思维与幼儿思维的距离。只有和孩子们在一起，才能感受他们丰富的内心世界，才能想他们之所想，才能为他们提供成长所需要的环境和支持。

三、成为我

2023 年 9 月 9 日，在全国优秀教师代表座谈会上，习近平总书记向全国优秀教师代表致信，送上问候和祝福。信中首次提出教育家精神是指"心有大我、至诚报国的理想信念，言为士则、行为世范的道德情操，启智润心、因材施教的育人智慧，勤学笃行、求是创新的躬耕态度，乐教爱生、甘于奉献的仁爱之心，胸怀天下、以文化人的弘道追求"①，对教育家的精神内涵进行了诠释和分析。我常常问自己：什么是教育家？什么人才能堪称教育家呢？我才疏学浅，想起来的自古以来的教育家并不多：中国

---

① 新华网：《习近平致全国优秀教师代表的信》，http://www.news.cn/politics/2023-09/09/c_1129854340.htm，2024-06-11。

古代的孔子、孟子、荀子，近代的陶行知、叶圣陶、张雪门等。那么他们共同的特质是什么呢？我想教育家要心中装着孩子，对孩子有敬畏之心，懂得教育规律，尊重教育规律；要有现实的眼光、世界的眼光和未来的眼光；要有使命心、文化心、信仰心，有强烈的担当精神、执着的进取精神、无私的奉献精神。

有一件事情，是我自愿坚持做的，那就是撰写文章，以丰富公众号的内容。2018 年 1 月 17 日，我注册了"朱继文工作室"公众号，坚持每周发文，也就是每周必须写一篇有深度思考的文字给关注幼教领域的读者阅读，每周鞭策自己。难忘夜深人静时的灯下奋战，难忘出差旅途中的冥思苦想，难忘倒计时带来的催促感……目前，公众号关注量已经 8 万多，文章被《学前教育》《幼儿教育》杂志关注，有很多自媒体主动联系我要求开白名单进行文章转发，还有颇多同行针对每期的文章和我探讨，令我动力满满。

有好朋友问我："你每周都要写文章、发文章，哪里来的时间啊？"我笑了笑回答，我只是每天用半小时的时间写下自己的一点点想法，就好像记流水账一样。朋友又问："你事情那么多，工作那么忙，还能每天抽半小时的时间记流水账？我曾计划每天看一篇论文，写写自己的感受，这都很难坚持实施。你为什么能够坚持呢？是什么支持着你这样做呢？"我简单地告诉朋友：是责任，是意愿，是内在的动力。我每天都要写下自己的想法、看法、感受，如果不写就好像缺少点什么，这也是责任或习惯使然吧。

"雄关漫道真如铁，而今迈步从头越。"成就自己就是坚持做好教育，在教育的路上砥砺前行。

4

管理路上勇攀高峰

"初心"一词来自《华严经》，"不忘初心，方得始终"。"不忘初心、牢记使命"是我们熟知的。刚开始工作时，我的初心是"照顾好班级的小朋友，让他们快乐长大"；慢慢地，我开始承担更多，现在初心变成了"办世界一流的学前教育"。初心是一个简单的愿望，靠着行动和信念实现心中所想，也就梦想成真了。"居之无倦，行之以忠。"坚定的初心体现在向善、向美、向好、向真的追求之中。

一、脑子里装满办法的园长

我坐下来写文章，书桌对面是钟表，秒针嘀嘀嗒嗒的，一跳一跳地向前走动，让人感受到"逝者如斯夫，不舍昼夜"的流逝感。一张照片竖立于电脑旁,照片上是 20 年前的我,头发乱蓬蓬的,手里拎着油漆桶,露出大白牙使劲地笑。因为当时破旧不堪的墙被我搞定了,同事看着我的窘样就抓拍了照片,说:"你的脑子里都是办法!那就给'智多星'拍张照片留纪念吧!"欢乐的气氛从照片中洋溢了出来。我很喜欢这张照片,因为照片中的故事印证了我常说的一句话:"没有克服不了的困难,只要肯想办法!"

(一)"破烂"变宝贝

利用废旧材料制作玩教具以促进幼儿的发展,一直是我的想法,我也常付诸行动。我知道,在孩子们的世界中,这些"破烂"都是宝贝。孩子们天马行空,发挥想象力,制作作品,亲手布置环境。有温度的环境才有价值,有教育意义的环境才有内涵,因为这是孩子们的劳动成果,包含着他们的创造智慧,体现着他们的内心世界。

在幼儿园的操场上,废旧的拱形铁架"穿"上了虎皮斑纹的新衣,孩子们从"虎口"钻入,体验了一遭"羊入虎口"的奇幻冒险之旅。主体楼墙上挂着三五个废旧铁皮水桶,时间久了,水桶生锈底都掉了,却被老师设计成了篮球筐,孩子们很喜欢铁质篮球筐,主要是能够听到篮球撞到铁桶的声音,仿佛是进球的凯歌。朝南的墙面上贴有不同材质的墙砖:鹅卵石的,砂石的,砖头的,大理石的,石灰岩的……这是孩子们晒太阳、蹭痒痒的地方,孩子们你撞撞我、我撞撞你,就在这相互撞撞中增进了彼此的感情。从智育的角度分析,孩子们还可以通过简单的"蹭"的动作,感受物体表面的不同触感。

为什么幼儿园要打造、提供不同的教育场地？为什么鼓励孩子们回归大自然，踩一踩土地、草地、砖地、胶地、沙地、水泥地、泥巴坑？他们表达不出这是什么感觉，但表达不出就等于没有收获吗？孩子们是在行动中学习的，他们体验到了不同季节不同的温度，获得了感触不同材质的经验。我认为这都是他们从隐藏的课程中学到的。

我始终认为，幼儿园再有财力和资源，也不能铺张浪费。低碳环保，利用生活中的废旧物品进行创造，对孩子们创新意识、担当能力的培养，具有重要的意义。

(二)巧用开发商资源

1997年9月，领导找到我，让我去负责一所新园的筹建。前往新园，一路尘土飞扬，走几步鞋子就变成了土黄色的；满院子杂草丛生，教学楼门窗也破败不堪。原来是一所开发商已建好四年但没有人接手的幼儿园。看着眼前的景象，怀揣着仅有的一万元办园经费，我没有被打倒。

当时，新园只有我与保教主任两个人。没有人也要干，没有钱也要干，没有基本的物品保障也要干。首先，我们动员亲戚朋友，一起砍除院内杂草，清除园内的废旧垃圾，足足用了五辆大车才把垃圾运完。在艰苦的条件下，我将捉襟见肘的经费主要用来购买玩具，还把自己家的钢琴搬到幼儿园来供孩子们使用。那架钢琴是我结婚时妈妈陪送的，是我的嫁妆。

幼儿园楼体外侧墙壁本来是粉色的，历经风吹日晒，颜色已经看不出来了，又因下雨留下了斑驳纹理，如同破抹布一样令人感觉不舒适。户外基本上只有野生花草，胡乱地长在地上，虽然生机盎然，但断然谈不上精致。粉刷墙体、做绿化等工程浩大，花钱的地方太多，实在没有办法啊！愁了许久，有一天，望着幼儿园周边高楼耸立，路过的小孩子蹦蹦跳跳的，伸着脑袋张望着幼儿园，我突然想到了一个特别的办法。

开发商建完幼儿园后，因为住宅楼没有建完，仍然驻扎在附近。何不找开发商帮助幼儿园粉刷墙体和做绿化呢？我壮着胆子找到相关负责人，一而再、再而三地请他给自己 10 分钟的时间面谈。没想到最后开发商会心甘情愿掏出 47 万元来资助幼儿园。

当时幼儿园确实经费有限，开园急需完善设备设施，幼儿园老师也希望有基本的工作环境和条件。作为园长，我只能想办法去创造，只能硬着头皮去闯、去试。当时我也是不好意思的，但有幸遇到的开发商喜欢孩子、支持我的工作，也想把社区教育一并做好。现在想来，我还是心怀感恩之心和感激之情，很幸运能够遇到如此支持教育、热爱教育、有爱心的人。

我想读者肯定都很好奇吧，到底用了什么办法能让开发商心甘情愿地掏钱来协助建设幼儿园呢？当时，我站在社区教育的角度分析，站在开发商责任的角度分析，认为只有做最好的教育，才会得到百姓的支持和认可。开发商与幼儿园只有做好捆绑式的服务工作，才会达到双赢的效果。1997 年，该社区周边没有一级一类幼儿园，我承诺用三年的时间，让接手的新幼儿园评上北京市一级一类幼儿园，言之凿凿，诚意满满。

开发商承担了 35 万元的墙体粉刷费用、12 万元的绿化费用。幼儿园被粉刷成橘色和白色相间的色彩，在阳光下熠熠闪光，幼儿园焕然一新！

我泪流满面，为此情此景动容。硬件设施到位后，我便把孩子、把教育、把课程放在第一位了，兢兢业业研究业务，为承诺负责，为孩子的成长负责！

经过不懈努力，幼儿园在三周岁的时候被认定为北京市一级一类幼儿园，在五周岁时被评为区级示范幼儿园，在六周岁时被认定为北京市市级示范幼儿园。当时在北京，建园仅有六年的时间就参加市级示范园验收是史无前例的。同行的人都说我创造着一个又一个奇迹，其实我也只是在一步一个脚印地朝着自己心中的梦想前进而已。

(三)园长卖包子

幼儿园总会面临各种各样的挑战，我也遇到过招生困难的问题。新园周边"高手林立"，有六所幼儿园，它们建园时间早、设备设施完善、管理成熟、知名度高、师资队伍稳定。我看看别人，再看看自己，分析后认为要从打开知名度入手，开放园门办教育。

那时，社区的配套设施还没有完善，社区内的孩子们周末找不到一个像样的地方做游戏。整个社区中，环境最美的地方应该就是幼儿园了，儿童的设备设施也齐全，于是，我把幼儿园当作社区的小公园，晚上向社区居民开放。我们买来三步、四步、伦巴、探戈等舞曲的磁带，晚上七点到八点在操场上举办舞会，老师们教大家跳舞。这既沟通了情感，又让大家了解到教育、了解到我们的幼儿园。

为了让社区的家长们信任幼儿园，我又想出了一个妙招——到社区卖幼儿园食堂的主食。民以食为天。每天食堂都会多做出两大筐的主食，包子、花卷、豆包、肉龙……骑上三轮车，向社区出发。

"卖包子喽！幼儿园做的大包子，馅儿大，皮儿薄！"别看我拿着喇叭，嘴上吆喝得欢实，其实心里慌得很。这几句话，是我在家中冲着镜子练习了很长时间才勇敢喊出来的。我想，如果主食没有卖出去，岂不是更给幼儿园抹黑吗？

许多人觉得卖主食的园长很有趣，抱着试试看的心态买了几个，一尝，真不错！很快，幼儿园的主食一售而空。再后来，大家争先恐后地追到幼儿园门口来买，还经常出现卖断货的现象。

卖包子并不是我真正的目的，只是想通过接地气的宣传途径让大家了解幼儿园的伙食花样，了解幼儿园的营养配餐！一举多得，何乐而不为呢？我的吆喝和每天社区居民对伙食的认可也鼓励着食堂老师们，他们研究儿童伙食的创新能力与日俱增，他们常问我的一句话是："朱园长，您看今天的包子怎么样？"无心插柳柳成荫，此举确实获得了良好的口碑。远近的居民都知道这所幼儿园的伙食好，老师爱孩子、有礼貌，这些也激发了老师的工作热情。家长从了解伙食开始了解幼儿园，夸奖在街头巷尾传播开来，成了幼儿园招生的活广告，最主要的是以点带面，推动了幼儿园工作的整体开展。

社区的父母祖辈都评价道，这所幼儿园的老师有情有爱、有激情有热情、专业积淀深厚、业务能力一流。正是因为这些特点，我把新建的普通幼儿园变成了方圆几里出了名的好幼儿园，好事也能传千里，参观学习的人络绎不绝。

遇到困难时，我想的办法很多，有些异于常规的办法经实施之后收获了意想不到的效果，我自己都会欢呼雀跃。坎坎坷坷、弯弯曲曲，一路走来，我竟觉得特别有趣！"古灵精怪办法多，困难坎坷脚下过"，这算是我对为人行事的自评之语。

二、时间在这里

在幼儿园工作的人好像没有不忙的时候，教师每天蹬着"风火轮"急匆匆地奔来奔去。领导忙、教师忙，从某种意义上讲，这体现了我们工作的充实。记得和一位在幼儿园实习的外国老师聊天，她说学到的第一个字是"快"，因为老师常叨叨着快点，快点喝水、快点吃饭、快点睡觉。我常想，为什么老师一天都围着孩子转，却依然做不到仔细观察孩子呢？

孩子的成长需要自由和空间。在慌忙的节奏中，教师不能慢下来观察孩子、了解孩子、倾听孩子，忙的紧迫感也会无形地传递给孩子，束缚孩子的翅膀、捆绑孩子的手脚。

虽然从外在看着忙忙碌碌、热热闹闹，但其实我们需要冷静思考：我们是不是为了孩子的发展而忙？如何改变无序的忙碌状态，做到忙而不乱、忙中有序、忙中无失呢？

(一)识别有效时间的分布

记得一位心理学专业的家长夸赞我们的教师时说："能在嘈杂的环境中迅速识别有效信息，保证班级工作的有序运转，实在是太厉害了！"

我觉得管理者应该识别出"忙碌"中的有效信息。不妨对时间分配做个记录与分析，看一下一天中不同时间段教师的工作内容，分析一下哪些是对儿童发展有利的，哪些是与这一工作的核心目标无关的。

判断教师工作是否有效的一个重要标准是什么呢？应该有这样的追问：是否以儿童发展为中心？活动是不是真的考虑到了儿童的需求？

幼儿园有很多常规性工作和临时性任务，如果我们没有把握好任务数量与时间的关系、任务内容与儿童发展之间的关系，就会导致工作目标偏离、工作内容边缘化。当教师目标不清时，必然会出现效率低下、情绪低落、职业倦怠等连锁反应。

当与幼儿园核心工作相距甚远的边缘工作出现时，我们首先要识别这些工作是不是必须做的，又是否必须在某一时间内完成。之后可以采取任务分解的方式，集中精力做好眼前最重要、最迫切、最应该做的事。分清轻重缓急，识别有效时间，从而更好地分配时间、管理时间，真正让教师在有限的时间内做有价值的教育之事。

(二)减少无益时间的安排

幼儿教师的时间价值是什么？我认为，是在有限的时间里做有利于儿童发展的事情。所以，园长应该在幼儿园的管理中让教师做减法。一方面，要减"杂事"，即与幼儿教育无关、与教师发展无关的事。另一方面，要减"错事"。例如，教师用大量的时间、加班加点精心创设环境就是"错事"，因为如果环境是教师自己创设的、是教师创意的体现，对孩子的发展而言就没有多少价值。环境属于孩子，所以，把时间和精力放到支持孩子去创设环境、利用环境上才对。

美国管理学家亚历克·马肯策说过：没有什么比忙忙碌碌更容易，没有什么比事半功倍更困难。忙碌和悠闲都是一种感受。所付出的时间值得与否，是评判一个人价值大小的显著标志。

我提倡用整合思维做事，这需要管理者有一双慧眼，能把纷繁复杂、杂乱无章的事务性工作理顺，统筹兼顾。举例来讲，开展"爱老敬老助老"的常规性工作就可以和班级小主题相结合，利用每天十分钟的离园时间，邀请爷爷奶奶走进幼儿园，组织幼儿向接送自己的长辈表达感恩之情，或者请幼儿在家中为爷爷奶奶做一件力所能及的事情等，而不必要求教师单抽出时间开展此项内容的活动。

同时，教师要做勤奋的思考者，学会思考、思索、思辨，在行动上学会放手把任务交给孩子。其实，不论什么活动，主要是看教师站在什么角度上、有什么样的认识。如果做任何一项活动都站在儿童发展的角度上，都把尊重儿童放在第一位，我想幼儿教师做的事情就一定是有意义的，付出的时间和精力也是值得的！消灭无用功、删除错误的育人思想，做减法的目的是让教师轻装前行，专注于儿童、专业于教育！

(三)深度思考后的探索实践

幼儿教师的根本责任和核心任务是什么？将这一点思考清楚，我们就有了目标，围绕着这样的目标做加法才是正向、有意义的教育实践。

加点计划。管理者要与教师一起制订计划，教育要有明确的发展规划，活动要有清晰的实施计划。因为计划能让人有备而来，更能让如流水般的时间变得充实。

加点时间。留点时间给教师个人，让教师有时间停下来静静思考和回味自己的工作，随时记录活动中的灵感，写下和孩子之间的故事。有了这些时间，教师才会有不一样的发现，学会沉淀，进而实现厚积薄发。

加点智慧。记得我园一位优秀教师在做工作总结时说："我在用头脑带班，用情商带孩子。"这句话给我留下了十分深刻的印象。幼儿教育需要智慧，这种智慧是智商与情商的融合，是用心与细心的合体。管理中加一些智慧，这种智慧便会像多米诺骨牌一样，园长传递给教师，教师传递给孩子。

加点个性。每个幼儿园团队中，都会有不同个性的教师。一次，在学习"四项人格"内容时，授课教师幽默地把人分为四类：雷厉风行的老虎、花枝招展的孔雀、精益求精的无尾熊和一团和气的猫头鹰。如此有趣的组成才会让团队多姿多彩。对于管理者来说，面对教师的个体差异时，只有采用个性化的管理方式，才能让不同教师做自己、做精彩的自己。教师自我的真正发展是幼儿园发展的不竭动力。我们要让细致入微的教师发扬工匠精神，乐研、善研教育教学难题；我们要让创意连连的教师开拓思维，带领大家看到不一样的教育实践之路。

加与减的背后，是管理者教育观念的投影；加与减的变化，是对教师有效时间的思考，是对教师工作价值的聚焦。如果幼儿园的管理者可以从细微的问题中看到教育的本质，那么管理将变成一种温情的滋养，润泽自己、情暖教师，最终滋养儿童。

三、机会来自努力

两个来自不同学校学前教育专业的学生前来参加幼儿园的面试考核。

两者相比，A 从外观上看并不占优势，个子没有 B 高，长相也没有 B 漂亮，但她始终面带自信的微笑。最后我们录取了 A。

我园的人事干部对每个应聘者都抱着负责任的态度，每次面试结束后都会与对方讲一讲幼儿园的应聘条件并帮助分析一下他没有被录取的原因。一次，我听人事干部与一个没有被录取的应聘者聊天："你觉得这次你失败的原因是什么？"她说："我准备得不充分，我仅仅以口头的方式阐述了我能做什么、擅长做什么，而那个应聘者准备得相当齐全。"

"是啊，她是拖着行李箱来的，里面有自己的绘画作品、摄影作品、手工创意作品，她带了一把小提琴，还拿了 U 盘，U 盘里面展示的都是她利用软件制作的呈现摄影作品的小视频和一些介绍自己的学习感受的多媒体课件等内容。评委都感动不已，连连称赞，认为这个学生若将来做了幼儿园老师一定能做得很优秀，因为她在用心做每件事情，而且知道对方需要什么，自己应该用什么样的态度对待事情。她的行李箱简直就是她的百宝囊，她一样一样地展示作品，那种自信挂在脸上。"这正是幼儿园需要的教师。应聘过程就好像教师准备一次教育活动一样，既要有目标、有准备、有想法、有创新，思路清晰，还要考虑到听课老师的需要和感受。这就是未来老师必需的素养，要把每次的展示当作课程去对待。

其实不仅仅是面试，我们在工作中养成某些做事习惯也是非常有必要的。那是我刚工作不久，一次大班的教研会上，教研组长问我："朱老师，你帮我们分析一下，你为什么要制作幻灯片来进行教学？你运用幻灯片的好处体现在哪里？"她这么一问，让我陷入了沉思。本来自己也没有想那么多，只不过就是认为在孩子们学习的过程中看幻灯片肯定要比看挂图有意思。只要是有利于孩子发展的，我就会去尝试。我顺嘴说："幻灯片有放大的功能，有利于孩子观察；幻灯片能够使图片动起来，激发孩子的兴趣。"当时虽然大班老师对我乐于钻研的精神给予了赞赏，但我还是觉得自己没有很好地回答教研组长的问题，或者说，我对这个问题还是没有想得很明白、梳理得很透彻。

教研会结束后，我分析了大班幼儿的学习目标。用什么样的课程能够实现这一目标呢？有多少故事适合这个年龄段的孩子学习呢？故事还能够帮助孩子获得什么经验呢？用什么样的方式才能够让孩子理解故事中的难点和重点呢？我又分析了语言领域有多少课程是需要利用幻灯片来讲授的、为什么，以及解决了常规教学不能解决的什么问题。我还写下了3000多字的反思送到了教研组长的手上，并利用自己在绘画方面的优势，悄悄地把100多个适合孩子学习的故事、科学常识都制作成了幻灯片，放在幼儿园的资料室，方便其他老师开展活动时使用。教研组长被我务实的精神感动了，向园长极力推荐我做教研助手，那是我刚刚工作的第一年。在工作的第三年我就做了幼儿园的主任教师。其实我想说的是，做不做领导并不重要，重要的是在教育的过程中自己是否成长、孩子是否成长、身边的其他人是否成长，自己给了自己多少成长的机会和空间。要想成长，处处皆是机会，重要的是：我们在这个过程中养成了什么好习惯，从而受益一生？我们作为教育者给孩子留下了什么？怎样才能有优秀的课堂？为成就优秀的课堂，管理者又提供了哪方面的服务与保障呢？

机会总会青睐认真努力、有准备的人——这是一条永远不变的真理。其实，我想告诉老师们的是：充分的准备，是对自己的尊重，也是对他人的尊重。如果我们轻视自己、浪费时间，又怎么能责怪别人对自己不够重视呢？时刻告诫自己：永远都要给自己成长的机会！

四、常思常想

自悟是一种境界、一种状态、一种感觉，是一种针对目标追求的深度的思考，把零碎的经验、观察、灵感以及整体的反应内化成需要。自觉是一种力量、一种体验，是一种自愿的努力，是一种思想意识认同后的自我发现。幼教人需要自悟和自觉。

(一)有关吃的思考

每当在食堂里听到老师们说自己不爱吃这、不爱吃那，看到他们浪费一点点的粮食，我都会忍不住唠叨几句。可能是从小节省惯了吧，所以每次开会的时候，我总会强调要珍惜粮食，但总是招来一些老师的不理解。

有的老师悄悄地说："现在都什么年代了，浪费这点算得了什么呢？园长就是抠门。"

"明者因时而变，知者随事而制。"办法总比问题多，于是我们的"光盘行动"开始了。

首先，以年级组为小组，老师们自己制定员工食谱，学期末评比一下哪个小组制定的食谱大家最喜欢、食物浪费最少、规划合理、收支平衡、营养均衡。要求：早餐一汤、一蛋、一主食；中餐两菜、一汤、一水果，荤素搭配。我们以年级组的集体评价为主，既可以促进集体间的合作与交流，也能够于无形中提高教师的团结意识。

　　这可忙坏了也难坏了老师们，他们有的到市场上去询价，有的请教家里的爸爸妈妈，从来都不下厨房的老师也开始学习做饭的本领，幼儿园掀起了学习营养知识的热潮。可别小看一个活动，看似与教育、与教师发展之间没有什么关系，其实对教师的专业成长起着不小的作用呢。老师们了解了营养知识，就能对幼儿园食堂的配餐情况提出合理化建议，重视对孩子的营养供给，还能以更科学的认识处理孩子平时挑食的问题，并进行科学的纠正，保教结合、保中有教、教中有保的认识在食谱的制定中也悄悄习得，真是"一石三鸟"。

　　其次，对食堂进行装饰设计来改善就餐环境。为了让大家吃饭时了解国家大事，我们在食堂就餐处安装了电视机，中午吃饭时大家能有机会看看午间新闻。一天，我趁大家都在，把一段新闻视频用电视放给大家看。这是一则关于全国浪费现象的新闻，其中介绍了请客吃饭的浪费现象。这则新闻触动了每位老师的心。老师在惊叹浪费之严重的同时也开始检讨自己的行为，浪费现象减少了很多。从另外一个角度看，老师认识到珍惜粮食是对食堂员工的尊重，是对食物本身的尊重，这也在潜移默化中体现了幼儿园所传承的文化。

　　以别人的故事来提醒身边的人，以别人的事来说自己的事，这种方式很奏效。管理中不能总是就事论事，偶尔换个方式、拐个弯，会更容易让老师接受。其实，生活中处处是教育，就看我们能否用心去体会、用心去思量、用心去行动。

(二)有关"致家长的一封信"的思考

园长要学会经常问自己为什么，思考教师为什么会这样做。幼儿园不可避免的就是给家长发通知，"致家长的一封信"是幼儿园常采用的方式。季节更替时的一封温馨提示信，节日时候的一封问候祝福信，孩子有进步时的一封鼓励表扬信，假期前的一封安全提示信等，我们通过手机发送给家长，促进了家园之间的有效沟通。

其实，幼儿园与家长互动的方式有很多。从"致家长的一封信"中，园长应关注什么？在家园互动平台上，园长应关注什么？给孩子的评语中，园长应关注什么？发放问卷时，园长应关注什么？

说了这么多的关注，主要是想让园长重视教师每一次与家长的沟通，因为沟通能够映射出教师的专业能力和水平，能够反映出幼儿园整体的管理是否深入教师之心，也能够促使教师的社会性情感的展现。特别是通过书信和手机的沟通更能够体现出教师的文字功底，这些都需要园长的关注。比如，每年给孩子写评语成了惯例，翻看近三年的评语，能否发现孩子有进步？有没有针对前后的不同表现进行的对比分析？为什么有些教师是在讲套话、一样的话，没有根据某个孩子的特征而表达的文字？园长在安排这项工作的时候仅仅是为了让教师完成这项工作吗？我们的要求是什么？又是怎么指导的？既然每个家长都极为重视每年教师给孩子的评语，园长就要特别关注这一细节，提前提好要求、做好安排。家园工作中，理解和信任不是停留在口头上的，而应从点滴中见思想、见行动。评语是对孩子一年的学习生活的肯定，字里行间应透出教师对孩子真切的关爱，透出教师对孩子年龄特点的把握，透出平时对孩子细致的观察。这些都能反映出教师的工作状态、专业精神、专业水平。

看似不起眼的细枝末节是园长了解教师专业水平、发展状况的依据，也会成为孩子升班时教师间有效衔接的窗口。开学初，新接手班级的教师要充分了解孩子的情况，新老教师要一起探究，分析在每个孩子的成长过程中教师应该给予的支持。

在孩子三年的幼儿园生活中，教师必须关注以下方面：入园前的"四个一"、入园中的"三个互"和离园后的"两个会"。

入园前的"四个一"：一次家庭谈话、一次家庭问卷调查、一次文字答卷、一堂互动课程。主要目标是通过家园见面的形式沟通孩子的发展状况、家庭的教育方式和期望，介绍幼儿园的教育理念和教育的方式方法，使家长产生共鸣。

入园中的"三个互"：互助亲子餐、互相赞美会、互请邀约会。主要目标是给孩子带来深刻的生活体验，让家长了解孩子的发展过程，理解孩子、欣赏孩子、发现孩子，实现家长与孩子共同成长。

离园后的"两个会"：离园后的感恩会、离园后的成长展示会。主要目标是让家长和孩子了解成长从幼儿园起航，使家园都能够见证孩子的发展和进步。

注重对不同水平、不同工作年限、不同性格的教师开展家长工作进行指导。比如，举办面向新教师的家长工作难题分析会、面向中年教师的家长工作创意分享会、面向骨干教师的家长工作微课展示会等。骨干教师是幼儿园开展家长工作的培训师，他们经常会用一节节微课来展示自己的做法及其效果、遇到的问题及其解决策略，并随时总结家长的教育问题，用案例的方式帮助家长解决困惑。经常整理家长的问题清单，请教师加以分析和解答，可以锻炼教师思维的灵活性，促进教师专业能力的稳步提升。我鼓励教师思考以下问题：

1. 孩子刚入园，不吃不喝不睡，哭着喊着不上幼儿园，该怎么办？

2. 孩子尿湿裤子后不告诉老师，该怎么办？

3. 我的孩子坐不住，注意力也不集中，该怎么办？

4. 我的孩子老实，他的玩具经常被别的小朋友抢走，我该怎么教育？

5. 孩子总是一个人坐在旁边，不乐于与小伙伴玩，不合群，我该怎么指导？

6. 孩子不愿意理睬身边的人，有时我的朋友逗他，与他聊天，可他就是不愿意理人家，弄得我很没有面子，我该怎么指导？

7. 我的孩子总说自己什么都不会，一点儿都不自信，我该怎么教育？

8. 孩子胆小，一点都不敢挑战，我该怎么指导？

9. 我的孩子入园后经常有憋大便的情况，我该怎么教育？

10. 孩子不喜欢喝白开水，该怎么办？

11. 孩子每天早晨都等着我给他穿衣，该怎么办？

12. 我的孩子经常在入园时大哭，幼儿园老师怕我不放心，会录下孩子在幼儿园快乐玩耍的视频。我看到他在幼儿园也很快乐啊，那入园时为什么会哭呢？我该怎么指导？

13. 我的孩子经常告状，如果形成这样的做事方式，长大后谁会喜欢呢？但需要向老师求助时该怎么办？

14. 我的孩子喜欢乱画。我看到别人家的孩子画得那么好，真的很羡慕。孩子在绘画过程中我应该如何指导呢？

15. 我的孩子经常会啃自己的指甲，我该怎么办？

16. 我的孩子连 10 以内的加减法都掌握不了，急人啊，有什么好的指导方法？

…………

对家长提出的问题进行梳理提炼，可以清晰地看到家长关注的主要领域，进而可以有针对性地提供解决策略或教育建议。

第一，环境适应问题和情绪表达问题。包括不吃不喝不睡、爱哭、总尿湿裤子。

第二，社交问题。包括孩子在与同伴互动中处于被动地位、不乐于与他人交往、不愿意理睬他人、有告状行为等。

第三，自信缺失和自我表达问题。包括孩子害怕挑战、总说自己什么都不会等。

第四，生活技能和独立性差的问题。包括孩子每天需要家长帮助穿衣、憋大便。

第五，学习习惯不良的问题。包括孩子坐不住、注意力不集中。

以上问题是我园在有关家长会的教研中梳理出来的询问频率较高的问题。学而不思则罔。深度思考是一种能力，只有从一件件小事中汇总出方法和理念，才能实现家园共生共长！

(三)有关两份暑假"作业"的思考

暑假如期而至，成人会为孩子做怎样的安排呢？一方面想让孩子快乐玩耍，另一方面又担心孩子过于松散，于是，很多家长都会为孩子报各种课外兴趣班来度过长时间的假期。规律的生活不能随着暑假的到来而中止。当然，教育理念也不能随着孩子学习地点的变化而出现断层。

如何指导家长让孩子的暑假变得生动、有趣且富有意义呢？幼儿园会帮助家长适当布置一些适应孩子需要的"作业"！幼儿园该怎样留"作业"呢？留什么"作业"既适宜又能够给家长以指导呢？留"作业"能在一定程度上体现出教师的专业水平和能力，体现出教师对孩子的年龄特点的把握，体现出教师对幼儿发展目标的了解，更重要的是体现出教师对孩子假期的尊重。

以下是我园两个班级的暑假"作业"。

第一份"作业"：假期将至，特布置以下"作业"，希望家长积极配合，使孩子过一个充实、快乐而富有意义的假期！

1. 每天背诵一首古诗。(语言)

2. 每天帮爸爸妈妈做一项家务劳动。(健康)

3. 每天听半小时的音乐。(艺术)

4. 家长带孩子串门聊天不少于 6 次。（社会）

5. 家长带孩子到公共场所游戏不少于 6 次。（社会）

6. 每天坚持锻炼不少于 1 小时。（健康）

7. 每天进行半小时的计数运算。（科学）

8. 每天读一本绘本。（语言）

9. 每天画一幅画。（艺术）

　　这一份"作业"怎么样？是不是觉得孩子的假期安排充实且丰满？假期结束之后，孩子肯定会成为德智体美劳全面发展的优质宝贝？事实真的如此吗？这份"作业"真的可以如成人所愿贯彻执行吗？我想，幼儿教师心里肯定会生出些许疑问，因为从成人角度出发布置的"作业"是功利化的或者是现实化的，孩子们并不一定领情。

　　第二份"作业"：愉快的假期到了，宝贝们，你们有什么新的打算和安排呢？以下是老师与你们讨论的一份假期"作业"，爸爸妈妈可以借鉴参考哦！祝小朋友们每天都能像在幼儿园一样有新的收获！（图文并茂，可以先让孩子理解图意，家长再用语言帮助孩子阅读分析。）

1. 可以出门找伙伴玩游戏。玩什么呢？可以与伙伴商量决定哦。

2. 拉着父母去戏水。

3. 找个伙伴，去做喜欢的体育运动吧！（跳绳、跑步等）

4. 去图书馆借阅几本自己喜欢看的图书，可以与爸爸妈妈分享。

5. 制作一套吹泡泡工具玩儿吧，我相信你是会成功的。

6. 看场电影吧，可以叙述一下看到了什么、发生了一件什么事情、你最喜欢电影中的哪个人物以及为什么。

7. 去郊区挖一次野菜吧。

8. 去外面吃一次晚餐吧。怎么点餐？怎么与服务员交流？观察一下服务员是怎么服务的。要怎样感谢服务员呢？

9. 去游乐场痛快地玩一次，记住自己都玩了什么项目哦，回到幼儿园与伙伴们分享。

10. 晚饭后与爸爸妈妈遛弯、散步吧。

11. 去菜市场买爸爸妈妈、爷爷奶奶喜欢吃的水果。怎样选择水果呢？

12. 看一会儿喜欢的动画片。

13. 回老家看望小伙伴(如果有老家的话)。

14. 逛至少五个公园或博物馆。

15. 玩跳房子游戏。

16. 睡个懒觉也好。

17. 看一次日出吧。当然，看一次夕阳西下也是很有意思的事情。

18. 自己亲手制作一盘全家人都喜欢吃的凉菜吧。

19. 每天都可以写绘画日记。

20. 学会看自己小区的地图，自己试着画一下家里的地图。

21. 你家里养了什么小动物呢？好好照顾自己喜欢的小动物吧。

22. 去朋友家做客。

23. 去爷爷奶奶、外公外婆家里探望。

24. 每天都坚持帮助家里擦桌子。

25. 与自己的布娃娃一起午睡吧。

26. 种植一次植物。

27. 去野餐一次。

28. 收拾自己的房间，把自己的衣服和妈妈的衣服叠放整齐。

29. 给山区小朋友捐一件衣服。

30. 用树枝在泥土上画画。

31. 唱一首歌或朗诵一首诗歌给身边人听吧。

32. 每天都要说一句甜甜的话！

第二份暑假"作业"看起来如何？有没有想立刻实施的冲动呢？试想一下，小朋友们得知这样的内容，会如何表现呢？欢呼雀跃，激动不已！因为内容都来源于孩子，是与孩子共同商讨得来的，是孩子主动意愿的表达。倾听孩子的声音，尊重孩子的想法，自然会得到孩子的喜爱。能让孩子主动探究、乐于挑战的"作业"，一定是有价值、有意义的。

从这两份暑假"作业"中，我发现了许多有意思的地方。

第一，数量不同。第一份"作业"只有 9 项，第二份有 32 项！从数量来看，32 项，那么多内容，假期还是假期吗？孩子会不会变成完成教师作业的机器啊？但是从孩子是否乐意完成的状态来看，便知数量和结果的关系了！

第二，内容不同。第一份"作业"以学习和发展为主，听起来符合"寓教于乐"的理念，但是执行过程中真的能做到寓教于乐吗？需要实践后才知道是否合理。孩子的暑假应该由谁做主呢？答案很明确，是孩子。第二份"作业"涉及的内容很多。挖野菜、戏水等与身体运动有关，身体强健才可精力充沛，感受到的快乐才会更多。种植植物、照顾小动物、与亲友玩耍等，属于与生活情趣和亲情维护相关的活动，能够滋养孩子身心，让孩子懂得幸福生活的含义。还有一些看似超级无聊的事情，类似于看日出、睡懒觉、用树枝在泥土上画画等，有利于孩子达到完全松弛、完全休息的状态，一定也要鼓励，因为张弛有度是一种人生观的体现。每一件小事都自然地融入生活中，都会在家长与孩子的互动中自然地完成。

　　第三，所站的视角不同。一份是家长视角的，另一份是孩子视角的；一份满足的是家长的需要，另一份满足的是孩子的需要；一份考虑的是家长的意愿，另一份考虑的是孩子的年龄特点和接受水平；一份是以知识为中心的，注重对结果的追求，另一份注重过程中孩子的成长，让孩子开心地玩，考虑孩子长远的发展；一份体现的是显性的学习，另一份体现的是隐性的学习。

　　让教育真实地发生，并不意味着成人可以改变儿童的成长轨迹和速度。萃取教育智慧、追求教育境界的前提是像尊重生命一样尊重孩子，达到"不育人无法教书"的境界。阿德勒的激励心理学提倡，激励是改变个体信念和行为的重要路径。每个人心中自我的不满足是能被认识、被超越的——认识自我，发展自我，最终超越自我。对于孩子，在"理解"和"读懂"的基础上，我们做的最多的就是激励。要想让孩子从生活中发生的点滴小事中找到自信和快乐，需要成人悄然为孩子播下激励的种子。教育就是一种修行，与孩子一起成长是一件美妙的事情，所以教育也要让孩子看得见、感受得到哦！

我们不妨从孩子的角度想想：他们更喜欢哪份"作业"呢？

(四)有关"负责任"的思考

离园时，我常站在大门口，目送每一个小朋友回家。我经常听到家长问教师："老师，我们家孩子今天有没有大便呀？"这时，教师脸上满是自责，惭愧地说："哎呀！我忘了带记录本，不好意思！我本子上记得可清楚了。"这种自责中包含了对工作没做到位的自责、对工作做得不细致的自责。有些家长表示没关系，有些家长虽表面上不说什么，但心里早已责怪老师不够细心、缺乏责任心。

幼儿园的工作琐碎而繁杂，一个班有几十个幼儿，每个幼儿都有不同的个性、不同的需求，确实需要教师的细心和责任心。但是，所谓的责任心到底是什么？教师应该把精力放在哪里？大包大揽就是负责任吗？事事周全就是负责任吗？

责任心是教师必须具有的职业道德，没有责任心就不能成为一名合格的教师。但是，责任心强弱是衡量教师工作优劣的唯一标准吗？人们普遍认为，责任心越强越好。然而，做幼儿教育真的需要教师责任心越强越好、工作做得越细越好吗？这真的需要幼教人好好思考。

在家长的期待与社会舆论的共同作用下，一部分幼儿园管理者和教师仿佛迷失了自我。孩子病了是教师的责任，衣服脏了是教师的责任，进步慢了是教师的责任，习惯没有养成是教师的责任。教师自己也会理所当然地将这些问题归结在自己身上，于是工作越做越细、事情越做越多。生活中，孩子的裤子掖不好，教师就蹲下身来一个接一个地仔细帮孩子掖。如此，孩子的健康就多了份保障，这成为领导和家长大力赞扬教师的话题。活动中材料准备得越来越丰富，孩子在活动中越来越容易体验到成功。在这种细致入微的呵护下，在教师精心准备的过程中，孩子表面上获得了健康和成功，体验到了快乐和满足，但又有多少价值呢？

我们教育的目标是为幼儿终身发展奠定素质基础。过多的帮助就是替代，过多的责任就是溺爱。我们的责任是培养独立的人，而不是一味地照顾与保护。我们的责任是观察孩子的成长现状，给予他们成长的空间和时间，看似悉心照料的背后其实是对孩子的意愿与行为的挤压和剥夺。我们的责任是观察孩子的需要，在适当的时候给予他们适当的支持，盲目地给予是用过度的责任剥夺孩子成长的权利。

如果小班的孩子能自己动手把裤子提起来，能试着学习掖裤子的方法，教师要在保证孩子健康、安全的前提下提供尝试的机会、给予科学的方法、送上真诚的鼓励、投以期待的目光，等待成长、支持成长才是教师的责任。

真正读懂教育、了解儿童的人会发现，强行帮助的背后是对儿童的不信任、不肯定、不支持，真心放手才是尊重。从简单的帮助到内心的支持，从体力的付出到心力的投入，体现着教育观念的更迭。教育需要把握好参与和放手的尺度。

第三章

涵养道德情操

"师也者，教之以事而喻诸德者也。"道德示范、道德引领既是广大教师做到为人师表而必须坚守的第一要义，也是履行受业解惑职责而必须坚持的前提。在中华民族的历史长河中，德高为范的精神追求从未因时空环境的变迁而发生变化，那就是对"言为士则、行为世范"八个字的坚持和践行。

　　稻盛和夫在《人为什么活着》一书中，论述了他的管理策略和人生智慧。他领导的企业为什么能够长久不衰？终其一点，那就是他能够把自己的工作看作成就他人的过程，看作实现人类美好生活的过程。"为人类社会的进步和发展做出贡献"，读起来很让人振奋。每个人存在于世重要的意义是实现个人价值最大化，成为他人心中不可撼动的榜样。我常想，我的工作不仅是为幼儿园的每个孩子负责，也是为200多个教师的幸福家庭负责。

1

关爱教师，领导有责

"吾日三省吾身。"我常自我反思，在反思中有所感悟：幼儿园教会了我什么呢？想来它教会我的首先是反思。作为管理者，我缺乏的是什么？其实我不缺少无私奉献、脚踏实地、艰苦奋斗的精神——这都是丰台第一幼儿园的传统，它们渗透在我的骨髓中，流淌在我的血液中。同为一所幼儿园的幼儿教育工作者，大家虽岗位不同，但有相同的志向。我常常感谢与我同行的老师们的付出，同时也尽力让老师们绽放个人精彩。

领导者的一言一行都会转化为推动教师前进的巨大力量。生活上的关心，会使教师感受到关爱；辅导上的耐心，会使教师树立信心；注重谈心，则能与教师交心；帮助有诚心，会使教师有恒心。一直以来，我都为自己的管理制定了目标：舍得为教师的专业成长投资。教师成长，领导有责。但很多时候，理想很"丰满"，现实却有一些"骨感"哦！

一、有来有去，都会祝福

园中的一位张老师，工作 10 年有余，家在北京市郊区，女儿 3 岁左右了。张老师从师范院校毕业后一直在丰台第一幼儿园工作，从年轻的小姑娘到优雅知性的孩子妈，可以说，幼儿园就是她的娘家！

由于家中有事情，张老师需要调离丰台第一幼儿园，前往郊区的幼儿园上班。当张老师向我提出调离申请的时候，我很诧异，也很舍不得，舍不得团队中每一位老师的离开。张老师坐下来，一一讲述家中的情况，我的眼泪止不住地流下来。一方面，她的离开让我怅然若失，另一方面我又心疼不已，同时特别感谢她把我当成大姐姐，倾诉着自己的秘密，没有隐瞒。

了解情况之后，我觉得必须为张老师做些什么。"人有悲欢离合。"同事就像人生火车中不期而遇的旅伴，在一段旅途中我们曾一起共享快乐，足矣！离去，是另一段旅途的开始，真诚地祝福是作为园长、作为大姐姐的我能做的事情。当郊区的教育委员会与我联系时，我介绍了张老师在我园的基本的发展情况，并且告诉对方这是一位优秀的教师，所以希望接收的幼儿园能够在专业发展上给予张老师支持和鼓励。

每年，新毕业的教师都会带着对幼儿教育的向往来到我园，和我们并肩携手，同时，园里也有教师因为各种各样的原因离开。对于新教师的加入，我们定会询问其生活中有无困难，幼儿园会想尽办法协助解决，目的就是让他们从踏进幼儿园大门的第一刻起，遇到的是温暖如春的领导，踏上的是一条开满鲜花的道路；每当有教师调离的时候，我们也都会给予诚挚的祝福，并且尽自己所能帮助他们在新的工作岗位上顺利地开展工作。

二、即将退休，是否还要工作？

丰台第一幼儿园建园已有 60 多年，每年园内都会有几名老师退休。即将退休的老师都是我的大姐姐或者大哥哥，是我的家人，我对他们充满了敬重和感恩，毕竟幼儿园的发展有他们的付出。我常在大会和小会上，讲到幼儿园刚成立时候的不易，正是因为有这些老师的辛苦付出，才有今天幼儿园的发展成就。但有些老师的表现却不尽如人意。

我园有一位后勤老师距离退休还有将近一年的时间，但是近一段时间却消极怠工，做常规性工作时得过且过，因此把整个后勤部门其他人员的分工打乱了。一线教师有的时候在中午来找这位后勤老师助力解决问题，但他可能会拖延到下午两点以后才做事。如此种种现象，也令一线教师愤懑。

丰台第一幼儿园的传统中就没有不把孩子的事情放在第一位的认识。即使在自己休息的时间，只要解决的是关于孩子的事情、满足的是孩子的需要，所有人就会立马精神抖擞。

老一辈的教师应该是青年教师的榜样，更应该知道丰台第一幼儿园的传统，应该带头执行，以身示范，无愧于传承人的角色，而不应该躺在功劳簿上唉声叹气。所以，我及时与这位后勤老师进行了沟通，请他调整好状态、服务于儿童。

忘记是在哪一次会上了，一位管理者说道，要为自己的服务对象负责。我身为管理者，最终的服务对象是孩子，只要是无益于孩子健康成长之事，都应该被禁止。在幼儿园，人人都是教育者、管理者，都是孩子人文环境中的一部分学习资源。年长的教师在幼儿园理应是精神抖擞的长辈，声如洪钟，走路如风，谈笑风生，只有这样，幼儿园才会有朝气、有生命力。因此，本着对孩子负责任的态度，管理者需要及时制止此类事情发生。

三、走出悲伤，重获幸福

每年我们都会在教师节前夕邀请退休的老教师走进幼儿园，和新入职的教师进行座谈，讲一讲过去的奋斗故事，说一说现在的创新变化，让丰台第一幼儿园的优良传统在谈笑中得到继承和发扬。以下是黄凌老师讲述的故事，令在场的每一位教师泪水涟涟。

时间回到 1992 年，这是我远离父母来到北京的第 6 个年头。那年的 3 月 12 日，我丈夫突发心梗在家中去世，范园长第一时间就赶到了我家里。失去了生命中重要的人，再面对不满 9 岁的孩子，我觉得天都要塌下来了，无助伤心的我抱着范园长捶胸顿足，大哭起来。范园长面对如此状态的我，说道："黄凌，面对现实，你一定要坚强。幼儿园就是你的家，我们都是你的亲人。"她坚定且暖意浓浓的话语至今让我记忆深刻。

见物思人，我与孩子在家总是睡不好觉。范园长就在幼儿园三楼腾出一间屋子，让我和孩子暂住在那里，并且安排了朱老师，也就是现在的朱园长陪我一起住。

那段时间，失去亲人的痛苦一直纠缠着我，我经常吃着饭就不由得伤心起来，甚至周末开完行政会，走出园长室，我就突然悲伤起来，跑到三楼痛哭一场。而范园长每次都能注意到我，劝我说："你不能这样下去，我们要生活在希望中，不能总是停留在回忆中。"她的话语让我感受到了浓浓的关心。

在之后的时间里，她也依然无微不至、细心周到地关心着我。一次，我老家的亲戚来北京看我，她知道后，立刻让食堂晚班的老师为我们包饺子；我的儿子过 9 岁生日，她特意准备好生日蛋糕，为他庆生。

她所做的这一切，园里的老师们都看在眼里。对于大家来说，她既是园长又是家长，工作上扶持、要求大家，生活上呵护、关心大家；对于我来说却远不止如此，她所做的一切，都给了我最好的安慰。

同样，在那个时候给我安慰的还有陪我一起住、伴我走出阴霾的朱老师，她身上同样具有范园长那种勇于奉献、团结友爱和助人为乐的精神。

那个时候，她一直陪着我住，是我的开心果。她每天下班后都会先默默地给我的孩子辅导功课、检查作业，然后自己再加班备课、进行环境创设至很晚；每次她外出教研回来，若是没见到我，便会在园里楼上楼下到处找，直到看见我平安无事，她才放心；如果回到房间，看到我情绪低落、心情不好，她都会想办法让我开心，向我传递她豁达开朗的人生态度，安慰我、开导我、陪着我；周末，她还会邀请我和孩子去她家做客，她质朴善良的父母总会把我当成家人一样照顾，让我仿佛置身于自己家一般。因为那段时间的相伴，我们成了相知相惜的好姐妹。

最终，在大家的努力下，我从莫大的悲痛中走了出来。我常感叹，我是幸运的。遇到幼儿园的领导和同事，我就有了另一个"家"。

修身齐家治国平天下，一切都以修身为本。修身必先修心。在这么多年的工作中，我不断鞭策自己，修养仁爱之心、宽容之心、真诚之心、平等之心。我深深地理解，教育是人与人心灵上最微妙的相互接触，同事之间同样需要珍惜与珍视。

四、排斥，融入

每日在幼儿园的巡班过程，都被我当成自己照镜子的过程。我总是这样认为，如果一个教师不愿意把真心话讲出来，对于管理者而言，这是一件特别难过的事情，也意味着管理的失败。

我 1989 年毕业后来到丰台第一幼儿园，1997 年到其他幼儿园做了园长，2008 年又回到丰台第一幼儿园，我的履历就是这样的简单。再回来后，熟悉的老教师见到我会搂着我表达喜欢，未曾谋面的新教师也会礼貌地说"朱园长您好"。

有一件小事让我感觉很难过。有一次，在楼道里，我和一个老师两个人本应该是面对面而行的，但是她一看见我就直接躲到一间教室里去了，然后透过窗帘问另一个老师："园长走过去了没有？"该老师回答："走过去了，走过去了，你可以出来了。"两个老师的对话我听到了，这个细节我也看到了，所以我心里面难过了很长时间。我想：自己做园长一定是不称职的，如果老师连一个对视和微笑都不给我，那怎么才能够证明老师喜欢我呢？我开始反思自己：做园长后是不是和老师疏离了？我乐于跟老师打成一片吗？乐于倾听老师的心声吗？乐于与老师做好朋友吗？

中午在食堂进餐，食堂有四人位桌椅、六人位桌椅，还有供更多人坐的长条桌椅。我看到有一处四人位桌椅上还有一个位置是空着的，就坐在了那里。旁边有三个年轻的老师，我还不认识她们，但是刚交流了几句，一个老师就礼貌地说："朱老师您慢慢吃，我去盛点菜。"紧接着，另外两个老师一个说"朱老师您慢慢吃，我去盛点米饭"，另一个说"朱老师我吃饱了，您慢慢吃"。留下我自己一个人，好像吃什么东西都没有滋味。这两个老师盛完菜、盛完米饭后，又聚在了一处已有六个人的长条桌椅旁。大家又开始谈笑风生，边吃饭边开玩笑。我也站起身盛了点汤，凑了过去。看到我过来，声音戛然而止。

我跟老师们开玩笑："亲爱的老师，是不是不喜欢跟我在一块呀？"几个老师听到这句话时几乎同时从椅子上弹了起来，有的老师拉着我的手，有的老师搭着我的肩膀解释道："不是的朱老师，其实我们都特喜欢你！"我说："特喜欢我？我怎么没有感觉呢。你们喜欢小宝宝的时候是不是得让小宝宝知道呀？你们也得让我感觉到你们特喜欢我啊。"我转移了话题，跟老师们说："你们是不是以为园长三句话不离本行，天天就会谈工作呀？其实我与你们一样也爱生活、爱打扮、爱聊天，你们谈的事我都喜欢听，如穿什么颜色的衣服最适合、最近有什么好看的电影。我没准还能给你们提供参考意见呢，你们以后带上我就好了！"园长本来跟年轻的老师们就有年龄的距离，我特别害怕追不上年轻人的步伐，很多时候我是乐于追着他们的，向他们学习一直是我的行动。

慢慢地，老师们接纳了我，中午吃饭的时候成为大家交流情感、交流工作、释放自己的时候。工作、生活中很多难解的问题都是通过边聊天边商讨的办法解决的呢！

情感是迸发智慧的生命线。在真正的教师专业发展上，如果教师不懂你、不理解你、不能够认同也不能够支持你，跟你保持着距离，你便很难走进教师的心里，这样是不能够把教育思想和管理认识传递给教师的。这也是我多年做管理工作不断思考、认识到的。

2

独木难成林

南朝范晔在《后汉书》中提到，"盖高树靡阴，独木不林"。说到团队发展的重要性，众所周知，"一枝独秀不是春，百花齐放春满园"。团队中的同事，是除家人以外与我们相处时间最长的人。我们能够从彼此的容颜里看见当初，我们能够清楚地回忆起工作场景中彼此的样子——操场上的精神抖擞、雨落在脸颊上的狼狈、家长会上的紧张，我们能够记得工作过程中每一份荣耀、幸福。在漫长的时光里，彼此存在，以至于我在逛街头衣服时都会不自觉地说："张老师喜欢这一件，王老师肯定爱穿紧身的……"幼儿园把我们聚在一起，每一个同事都是我教育之路的同行者，与我一同奋力向前奔跑着，他们是我不可或缺的伙伴、战友。

一、相亲相爱一家人

一年一度的教师厨艺大赛开始了，大家都跃跃欲试，准备大显身手。冯老师家是开饭店的，有一年他烹饪的水煮鱼，让大家都竖起大拇指，回味无穷。听说他私下里也下了不少的功夫，跟厨师学手艺。这些生活技能大赛就是幼儿园工作的调味品。随着幼儿园十几名国外教师的加入，怎样才能调动所有人的积极性，既让大家大显身手，又让教师在生活中找到乐趣，把做饭当作生活中的休闲，当作与爱人、家人亲密相拥的机会呢？

于是，我们进行了一场包饺子比赛。一听说是包饺子，许多教师都亮出了绝活。首先比赛制作饺子馅儿，每个教师自己创新，准备好能够包 30个饺子的馅儿，至于用什么原料都由自己决定。大家把所需原料、制作方法都一一写下来，有制作西葫芦馅儿的、香菜馅儿的、西红柿馅儿的，还有制作榆钱馅儿的、槐花馅儿的……现在回想起来还是觉得香喷喷的。

全园一起参加比赛的教师有 67 人，如此算下来至少得需要 2010 个饺子皮。谁来擀皮呢？这个任务自然就交给了我。"40 分钟结束战斗！"我向大家保证。几个年轻的教师情不自禁地发出了"呦"的声音，那一脸的惊讶分明是在说不相信我啊！不过也不怪教师，因为他们知道我在家里不怎么进厨房，家务劳动由爱人全权承包。擀皮的活大家都知道是很累的，如果面硬点就更不用说了，可不到 40 分钟，我就把 2000 多个皮都擀好了。比赛还在紧锣密鼓地进行着，接下来就是包饺子！不过大家好像把比赛的事情抛到了九霄云外，开始点评起来谁包的饺子好看。有的教师还开起了玩笑：饺子就是财宝，说明未来的日子越来越好。包着饺子，笑声也不断。

这时，有人问：大家知道饺子的来历吗？一开始，有一个教师讲了一个版本的故事，结果另一个教师说自己知道的版本跟他讲的不一样，到最后，每个教师都讲出了自己知道的故事。为了让国外的教师也能感受到我们的快乐，有的教师还当起了翻译。后来，国外的教师都情不自禁地不停地说：我爱饺子，我爱家。比赛在其乐融融的氛围中结束，我在教师心目中也更加富有亲和力了。

包饺子的片段就像酵母菌一样，能够将葡萄汁转化为沁人心脾的葡萄酒。我常常回味类似的甜蜜场景，有同事们之间的真诚和友爱，有同行们之间的信任与互助，有教育者之间的豁达与幽默。在斗转星移间，在时光飞逝间，我的团队酿着教育的美酒，因为我们是相亲相爱的一家人，信念让我们一起勤奋、友善、和谐地工作着。

二、凝聚团队智慧

红杉树是一种特殊的植物，其并不是单独生长的，而是成片生长的，它们参天挺拔、盘根交错，在飓风中相互扶持、屹立不倒。一直以来，"红杉精神"都在激励着我们整个团队，感召着每个人携手并肩、同心同力同德，为实现育人目标心心相连。每一棵红杉树粗细不一、纹理不一、生长速度不一，我们的教师也都是独一无二的。"红杉精神"进一步表现为在团结协作中彰显个性、在无私奉献中品味收获、在朴实无华中追求真谛、在创新实践中和谐发展。

在丰台第一幼儿园，每位教师都是团队中不可多得的宝贝和财富。我深刻地知道：高质量的教育不是偶发的，它需要我们仔细地思考、规划，并需要对此理解透彻的教师来实施。这样就需要我用心去品读每位教师。我经常问自己：我何德何能，为什么身边总有一批乐于支持我的人、乐于与我一同奋斗的人、乐于与我共苦的人、乐于与我一起享受事业的人！多年来我发现：只要自己有期盼，只要自己懂欣赏，只要提供适宜的支持，教师的教育智慧就会自然地迸发出来。

在幼儿园中，我常和老师们分享一个故事——《第十八匹骆驼》。沙漠里住着一户人家，家中有一位老人和三个儿子。老人在去世之前立下遗嘱，以后二分之一的财产留给老大，三分之一的财产留给老二，九分之一的财产留给老三。可是家中的财产只有 17 匹骆驼，这可怎么办呢？这是一份没有办法实施的遗嘱。于是，兄弟三人找到村中的智者。智者冥想了一会儿，便把自己家的一匹骆驼牵了出来，给了三兄弟。智者什么都没有讲，兄弟三人牵着骆驼美滋滋地回家了。他们将 18 匹骆驼重新进行了分配，"二分之一的财产"是 9 匹骆驼，"三分之一的财产"是 6 匹骆驼，"九分之一的财产"是 2 匹骆驼，三兄弟将 17 匹骆驼分配完毕，将最后一匹骆驼还给了智者。

这是一个有关智慧的故事，从故事中我们可以得到很多管理启迪。管理者就是要做一个会思考的人，乐于贡献出自己的"骆驼"，还要悄悄地帮助别人，甘做矛盾的化解者、冲突的解决者、有效的支持者；要乐于做绿叶衬托身边人的精彩，以成就他人为理想和使命，就像故事中的智者一样，明明早在给三兄弟一匹骆驼的同时就为他们想出了答案，但是并没有直接讲出来，而是悄悄地给予支架，让三兄弟感受到自己找到答案的快乐。总之，既能欢欢喜喜地被当作重要的一员，也能悄无声息地回到自己的工棚，做自己应该做到的分内之事！

我想，只要心中有他人，保持着博爱的初心，不抢功、不邀功，用赏识的心态理解和善待他人，就一定会看到智慧的火花绽放。

(一)赏识个性，享受职业幸福

世界上没有两片相同的树叶，每位教师都有自身的特质。怎样让他们都能够彰显个性、光芒四射呢？让教师有温暖感、舒适感、存在感、归属感，感到被关怀、被接纳、被尊重。让教师有舞台感，自身被肯定、被赏识、被重视。让教师有方向感，工作有方向、有目标、有规划。人人争做幸福的普通人。

园中的老师越来越年轻化了，他们自信阳光，同时个性十足。每次和他们交谈，我总有恍惚之感，觉得他们自己还是孩子，生怕自己说重了，他们心里不开心，但更多时候还是忍不住跟他们叮嘱几句。张老师刚 22 岁，就担负起了教育 30 多个幼儿的重任。她有干劲和冲劲，在组织家长和管理班级上也很有办法。一次户外活动中，有一个孩子摔倒了，膝盖磕破了，医务室先进行了紧急处理，然后孩子被送去了医院。虽然孩子并无大碍，但是因为是事故，按照规定，月底会对教师进行扣款惩罚。想起之前自己当老师的时候被扣款，心中有说不出的委屈，我想张老师可能也是如此，便单独与张老师聊天，告诉她扣款的原因。谁知道，张老师却反问我："扣款能解决所有问题吗？"这项制度从我上班开始便一直存在，但我一直以来都只考虑到了它所带来的积极意义，所以觉得应该执行。想一想，孩子在幼儿园肯定会参加户外活动，跑跑跳跳对于幼儿来讲是常有的事情，但只要跑跳就难免会出现意外。如果有意外的话就用扣款来解决，与我们当下所倡导的人文关怀式教育就会背道而驰。怎么解决这些问题呢？给老师最大限度的教育方面的自由是管理者应该思考的事情。除了惩罚之外，是不是还有更好的方法能够让教师注意到幼儿的安全问题呢？这是年轻教师给我的启示。赏识个性才能意识到管理瑕疵。后来，我们让制度流动了起来，教师可以根据平时看到的问题加以讨论、研究，对制度进行调整。

人生就是追求幸福的过程，怎样才能让教师拥有幸福呢？回到基本上来，让教师走上研究的道路、发现研究的乐趣、养成研究的习惯、收获研究的果实。苏霍姆林斯基的思想"想让教师的劳动能够给教师一些乐趣……那你就应当引导每一位教师走上从事一些研究的这条幸福的道路上来"[1]在这里得到了验证。丰台第一幼儿园为教师铺就了学习平台，拓宽了实践平台，提供了支持平台，创建了展示平台。有园长的期待、同伴们的鼓励、自己的不懈努力，教师悟出了幸福的真谛，享受着研究带来的快乐。

---

[1] ［苏联］瓦·阿·苏霍姆林斯基：《给教师的建议（修订本 全一册）》，杜殿坤编译，507 页，北京，教育科学出版社，1984。

(二)真正理解，形成团队精神

"理解"说起来容易做起来难。理解什么？怎样理解？这些都是具体问题。它就像一个课题，我们需要动用所有的能力，才能让理解触碰心灵。

我经常会发现教师加班加点地工作，晚上七八点的时候还会看到教室里亮着灯，我悄悄地靠近窗户，总能看到教师忙碌的身影。过去原以为教师乐于让园长发现他们对事业的爱与执着，后来的一次教师之间的对话让我冥思：

"每次朱老师都这么晚离开幼儿园，她真是个爱学习的人。"

"是啊，每次我们班开展研究工作时她总会出现呢。"

"她很关心我们的生活，还经常到班里看望我们。"

"虽然听到朱老师的问候时心里感觉很温暖，但在寒暄中时间总是被耽误，思考的连续性也被中断了。"

这些话给了我很深的触动。是啊，我总是站在自己的角度去思考问题，自认为大家想得到我的认可和赞美，其实，研究型的教师团队已经形成，引导他们的内涵式发展，给他们搭建支架，是教师更乐于接受的，表面的寒暄与关心对教师来讲可能并不需要。

我经常想，团队与群体肯定是不同的。团队中的人一定都能主动做好本职工作，并能够支持身边的人。不同的人发挥着不同的价值，有的沉着冷静，有的具备系统思维，有的拥有勇往直前的执行力等。只有每个人都发挥优势，每个人都做到最好，团队才能有最好的发展，集体才能有力量。

什么是团队精神？"团队"是近些年管理学界较为流行的一个词，事实上，现代管理的确越来越重视"团队"。与群体不同，团队不是在一起工作的成员集体。举一个例子，美国职业篮球联赛结束后，常会从各支优胜队中挑出优秀的队员，组成一支队伍赴各地比赛，想制造新一轮高潮，但结果总是令球迷们失望——胜少负多。为什么每个人都是在各自的队伍中优秀的队员，但由他们组成的队伍却难以获得理想的成绩呢？其原因在于这个队伍不是真正意义上的团队，虽然他们都是顶尖的篮球种子选手，但是由于他们平时分属不同球队，无法培养团队合作的精神，不能形成有效的团队出击力量。由此看来，团队并不是一群人的机械组合。

一个真正的团队应该有一个共同的奋斗目标，其成员之间相互依存、相互影响，并且能很好地合作，追求集体的成功。团队工作中，成员应能倾听他人的意见并且积极回应他人的观点，向他人提供支持并尊重他人的兴趣和成就。一个优秀的团队必须是拥有创新能力的团队，团队中的每个成员都应习惯改变自己以适应环境不断发展变化的要求。

团队精神的形成并不要求团队成员牺牲自我，相反，挥洒个性、展示特长保证了成员共同完成任务，而明确的协作意愿和协作方式则促使真正的内心动力产生。团队精神是文化的一部分，良好的管理可以通过合适的组织形态将每个人安排至合适的岗位，使集体的潜能被充分激发。如果没有适宜的管理文化，没有良好的职业心态和奉献精神，就不会有团队精神。

三、发现闪光教师

民以食为天。很多人都说我们幼儿园的伙食制作精美，根本原因在于老师们是满怀着爱心来做每一餐、每一点的。

有一次，一个快 60 岁的食堂老师看见我就飞快地跑过来，拥抱着我跟我说："朱老师，特别感谢您！"弄得我莫名其妙。为什么要感谢我呢？有什么值得感谢的事情呢？她接着说道："您知道我都快 60 岁了，幼儿园还跟我再续签合同，这是对我莫大的鼓励和信任呢！"我望着她，心里颇为感动，但又觉得有点自责，食堂的工作是很辛苦的，我平时对大家的关心还不够啊！

看着她脸上洋溢的笑容，我问道："是不是在幼儿园很辛苦啊？食堂的工作也是很累人的。您每天早晨 5 点多就要到幼儿园，一天都要站着，没有闲着的时间，我是心疼您啊。""嗯！虽然食堂的工作不轻松，但是我累并快乐着，累并享受着！"她兴奋地告诉我，"我现在正在研究一种美食！"我问："什么美食呀？"她自豪地、开心地拿出相机让我看她的研究成果，并问我："您知道什么叫和果子吗？"我说："我倒听说过，但没有吃过，因为制作得太精美舍不得吃！"她激动地说："我现在就能做出来，您看，这就是我做的！"

她告诉我，她在凌晨 3 点多的时候做出来了，抑制不住兴奋的心情，拍摄了很多张照片。早晨，她迫不及待地让幼儿园里所有人来看她做的和果子。等我了解到和果子的制作工序和使用的材料以后，我再次被老师感动了，也实在是心疼她，就跟她说："如果想吃和果子，或者想让咱们的孩子们、老师们吃和果子，可以在网上买啊，也不太贵，不必用这么长的时间研究制作啊。"她一脸严肃地看着我，有点像质问的样子，说："朱老师，我想问您，买来的食物带着我们的温度吗?"我无言以对，只能用拥抱来表达我的心情。我与她一起欣赏着她的美食作品，还不忘让她把照片也发给我几张，让我也与朋友们炫耀炫耀。制作和果子的每一步都独具匠心，我只有赞不绝口，像对待稀世珍宝一般。

做什么事情都要用心、用情和用爱。把真情真正地付诸工作的时候，真正地给予孩子的时候，我们就能够真正享受工作的快乐。

"相亲相爱"是我和团队相处的模式，尤其是"爱"字中饱含着无限的怜惜。我们只有在爱中，才会感觉自己是有价值的，是愿意付出和努力的。我们的团队核心词是"爱"，这不仅是一种相处模式，更是迈向自我价值实现的阶梯。因为教育者的爱超越了狭义的范畴，在升腾和弥散的过程中，会发挥育人的作用。感谢陪伴我的团队，感谢我的同事，感谢幼儿园里每一位教师，他们是我行走在幼儿教育道路上的陪伴者。

3

幼儿教师，幸福温暖

　　王守仁在《教条示龙场诸生》一文中，从立志、勤学、改过、责善四方面对为人处世进行了引导，颇为严谨，尤其是"立志"中，"志不立，天下无可成之事。虽百工技艺，未有不本于志者"。立志的意义在于"有志者事竟成，无志者事事空"。于是，我和教师约定了以下志向。

　　第一，敬畏教育，心存美好。教育是树人的事业，本身具有对美好的追求。身在幼儿园，面对的是殷切期盼子女成龙成凤的家长，他们毫无保留地把自己的最爱交到教师手中，教师一定要对孩子有爱护之心，因为孩子是家庭的希望、祖国的未来。每一个孩子都纯净美好，如同带有朝露之花，剔透无瑕，他们对世界充满好奇，他们的引路人更应该是心存美好之人，具有完善的人格、高尚的品格。幼儿教师应该以高度的责任感对待幼儿教育工作，且心存美好，用开朗明净的心态从事教育工作。

第二，实现自我，成就他人。我园的教师就是一面旗帜、一面镜子，其他园所的教师都会以此为标杆来判断自我的言行。常听到同行教师的评价是："丰台第一幼儿园的老师就是这样做的，我们模仿肯定没问题。"可见，示范园拥有一种推动力，助推教师不断蜕变，实现专业理论和专业实践的创新和突破。因此，我们要与时俱进，彰显个性，表达观点，悄然成为幼儿教育界的模范，实现自我的一次次飞跃。身为园长，我担负着引领众人前进的责任。以团队的发展、他人的成长为己任，披星戴月铸造教育之魂、兢兢业业浇灌集体之花是教师本有的底色。

第三，思想深厚，视野高远。学前教育是一门内容丰富的学科，尚处于发展之中，借鉴国内外和其他学科的成果，相关研究取得了一定的进展。幼儿教师自身具有前行的动力，但是前行不能仅仅局限于方法、策略的增加和优化，更多的是形成自己的教育智慧和教育观点，把星星之火传递给其他人，让幼儿园的青年教师、中年教师、老教师都受益，毕竟"授人以鱼，不如授人以渔"。

美国历史学家亚当斯曾说：优秀教师的影响是永恒的，永远无法估量他的影响会有多深远。教师队伍中的佼佼者，在挑战自我和超越自我的过程中，更重要的是做到厚积薄发，让思想深化，让行动落地，成为名副其实的行业脊梁，摇旗呐喊，成为立德树人的典范。

一、做一名顺从内心的人

做幼儿教师是不是你一辈子的最爱呢？问问自己的内心，你就会找到答案。我们每天在工作中都乐于做什么？我们的理想是什么？怎样用行动表达自己喜爱每一个孩子？对孩子有耐心、细心、有责任心，只是课本上的语言吗？

其实，幼儿园每天的工作平平淡淡、琐碎重复，需要教师从中找到乐趣和价值。每天都能做到有耐心、细心、有责任心实属不易。所以，每当有人选择做幼儿教师的时候，我都会先把幼儿教师的辛苦一一讲给对方听。

每天身旁都围绕着不停说话的孩子；

好像永远都不能够满足家长的需求；

每天都要讲重复的话，做到不厌其烦；

每天都要提供重复的生活照护服务，做到细致入微；

每天都要完成看不到头的任务，事无巨细；

每天都要写教案以及好似总也写不完的教育笔记；

⋯⋯⋯⋯⋯⋯

我把这些统统讲给新入职或想做幼儿教师的应聘者听，让他们做好思想准备：这是你选择的一生从事的事业，你是否能够真心地接纳它？自己能不能行？能否把一切嘈杂的声音都当作悦耳的音乐并乐于一辈子去倾听？

只有问过自己的内心，才能够知道自己是否乐于坚持与付出努力。如果问过自己若干遍，自己的回答还是想陪伴孩子，每天看到孩子，每天与孩子玩在一起，那你可以试着去从事这一工作。因为我知道，能做好幼儿园工作的人，首先是真正爱孩子的人，是善良的人、热情的人、善于钻研

115

的人，是能够观察到孩子所需并实施科学教育的人，是乐于为每个孩子一生发展负责的人。

我会跟应聘者说，千万别匆忙踏入幼教领域，要一直不停地要求自己再听一听心中最真实的声音。如果经历了这么多纷繁复杂的事情，还依然乐于从事幼教工作，那就坚守这颗初心吧。

庄子主张顺其自然、无为而治，享受无拘无束的快乐，这样的人才是自由的。都说人逢喜事精神爽，一个人的精神状态良好，对于身体健康也会有很大的帮助。

心态也极其重要。年轻的心需要我们学会放松，需要我们用勤劳的双手、用智慧去永葆。想孩子所想的事，做孩子能做的事吧。这样，你也会像孩子一样纯真。

二、做一名积极向上的人

我是一个积极的人，遇到问题时总能够想到好的方面和有意义的方面。

有一次，我参加教育论文答辩，专家点评我的论文时，语气有些不友好：一个小小的幼儿园是不能做好这项研究的！当时我没生气，而是耐心地听专家的批评。每个人必定都有自己的观点和看法，我需要做的是从中找出有道理的一面。专家之所以得出这样的结论，是因为这项研究确实是"一块难啃的骨头"。一方面，研究离不开对孩子的观察，如果没有大量的观察过程做积淀，任何人是不能够把研究做出来的；另一方面，研究离不开理论和实践的有机结合。专家的批评恰恰能够唤起我对其中问题的重视。得到专家的真正关注是更为重要的，我就是抱着这样的态度倾听、思考和学习的。

快乐是我自带的标签，它像一棵会开花的大树，我躺在树下，能够欣赏地上的小花小草，能够见到天空的湛蓝和美好，能够与孩子轻声地对话和交流。我也乐意做一个传递快乐的人，让积极、正向的情绪影响和感染身边的人，于"繁忙"中找到"闲适"，于"匆忙"中寻求"漫步"，于"焦躁"中发现"惊喜"……

三、做一名喜欢倾听的人

一次，我去巡班，中（一）班的一个小朋友拉着我的手说："二楼的曼曼老师从我们班借走了 10 元钱，还没有还给我们呢！您看这是我们的账本。"

我马上蹲下来很认真地问："她什么时候借的钱啊？借钱不还，她做得太不对了。"她点点头，看了看账本认真地说："就是昨天借的啊。"我又问："她为什么要借你们班的钱呢？"她说："昨天她来我们班，看到我们班正在卖糖葫芦和枣夹核桃，她想吃，又没有钱，所以就借了我们班的钱。"

"哦，这样啊。"我追问，"那你询问曼曼老师还钱的事情了吗？"她说："我问了，曼曼老师说没有钱。"我追问："那你准备怎么办呢？有什么好办法让她把钱还上呢？"她说："我准备让曼曼老师到糖葫芦商店来打工挣钱，就是不知道她有没有时间。"我说："这倒是个好办法，欠钱总是要还的啊。

你可以再给曼曼老师几天的时间啊。"我又问："打工多长时间能够挣到 10
元钱呢?"她想了想说："一小时就可以。"我说："曼曼老师今天忙，应该是
没有时间的，要不我帮助曼曼老师打工一小时吧。"她看看我，高兴地表示
同意。我问："我到糖葫芦商店来打工都要做什么事情呢?"孩子讲出了制
作糖葫芦的过程，告诉我，可以洗山楂、给山楂去核、将山楂串在一起、
熬糖、裹糖，还可以做收银员卖糖葫芦呢。看来孩子完全了解了糖葫芦商
店的游戏流程、规则和安排。这都是我在与孩子聊天的过程中感受到的，
与孩子聊天是一件让人非常开心的事情。我在糖葫芦商店里打了一小时的
工，还是很有趣的。

离开班级时孩子还不忘提醒我："那让曼曼老师一定要还给您钱哦。"
我点头说好的，要钱的事情就交给我吧。

看来孩子是很乐意与我交流对话的，并能够很完整地叙述一件事情，
还能够想办法解决班里遇到的问题，认真阐述自己的看法。这个过程不但
是孩子思维发展的过程，也是教师理解孩子的过程。与孩子的对话和交流
中会自然传递出很多信息，教师在倾听问题、解决问题的过程中，应体现
出对孩子想法的理解、对孩子做法的尊重，在这个过程中，应给予孩子自
由自主的空间。把与孩子的对话当回事是给予孩子自由自主的空间的前提
条件。对话是平等的，对话是伙伴式的，对话是专注倾听的，对话是交谈
式的彼此欣赏。对话有的时候可能没有什么主题，谈论的可能就是幼儿园
孩子之间发生的琐事，但会令人难忘。记忆中留存的是温暖、欢笑、美
好。温暖是迸发智慧的源泉。

四、做一名有感悟力的人

每天早上和孩子们一起锻炼已经成为我生活中的常态。别看只有半小时，那可是我快乐的源泉，所以无论多重要的工作都要为此项活动让路。

我们有一节操名叫"跳跳糖"，小朋友想象着跳跳糖的样子跳来跳去。每当做这节操时，孩子们都会拥到我面前共同跳起来，那种感觉好像自己也变成了一颗跳跳糖一样，蹦蹦又跳跳、甜蜜又快乐。

一个声音在我的耳边提醒着："您今天忘了掖裤子了，都露出小肚皮了。"我赶快乖乖地把上衣的前面掖在裤子里面。孩子大概发现我掖得不认真，一边提醒我上衣的后面还没有掖好，一边转着圈帮助我，还不住地叮嘱我，下次不能再忘记掖裤子了，否则就会着凉，会肚子疼的。我故意说："没事的，我身体壮，从来不挑食，还爱锻炼。"他看看我接着说："只是好好吃饭和锻炼也是不行的，还要注重保护好自己。"我哑口无言，耐心听着他的安排。他仿佛又想到了什么，接着说："如果觉得把上衣直接掖到裤子里不舒服，以后可以在上衣里面穿个小背心，今天先这样吧。"

孩子认真极了，俨然已经把我当作了他们中的一员。我心里觉得孩子特别可爱、可乐，但同时也透过孩子的表现看到了班中老师的样子，因为老师平时对孩子的指导会自然地融入孩子的行动中。

敬畏儿童、尊重儿童、理解儿童，其实是在生活的点点滴滴之中践行的。因为给了孩子自由的空间，孩子才不会缩手缩脚；因为给了孩子自主的机会，孩子才能大胆表达自己的看法；因为把孩子当作自己的朋友，孩子在看到问题时才会乐于帮助教师。最重要的是，成人要理解这样一个概念：孩子很少会用语言来表达内心世界，多数孩子是用行动做给我们看的，这就要求我们察觉到孩子通过行动向我们表达的喜悦、好奇、痛苦和无能为力等感受。从乐意与孩子在一起玩、乐意一起好奇、乐意一起挑战开始，慢慢地我们就会找到与孩子成长联结的机会，逐渐超越口头约定的规则，在共同游戏的过程中寻找机会增强孩子的自信和力量。

五、做一名有情怀的人

趁着空闲与我园远在青海省玉树藏族自治州支教的毕薇薇老师聊聊天。这次她要在那里支教三年的时间，在玉树州职业技术学校教授教育学和心理学，这对于她来讲既是压力也是挑战，更是一种有意义的实践。我很挂念她，每周打电话是必须做的事情。

听声音我仿佛就能看到薇薇欣喜若狂的样子，感觉她好像近在身边一样亲切，我们情不自禁就聊起了工作。她滔滔不绝，我几乎插不上话。聊到她指导的学生参加比赛获奖；聊到她向支教教师们炫耀在丰台第一幼儿园工作的经历；聊到她在安静地待着时会感觉头晕脑涨，但只要工作起来就会全情投入，不适反应仿佛瞬间消失，于是她调侃自己是"吃苦受累的命"。

她说到要帮助学校梳理校本课程，说到虽然学校里的课程排得很满，但因为被许多幼儿园邀请，她总会挤出时间到各个幼儿园去服务。她说，幼儿园需要她的指导，需要她进到班级中手把手地去助力，她喜欢与孩子们在一起的感觉。我能够感受到她的真诚，能够感受到她的爱心，能够感受到她因被需要而产生的幸福感。

薇薇还与过去的自己进行了对照。过去的自己有点傲气，面对批评和别人的不解时会摇摆不定，但是在远离家乡的地方、在祖国需要的地方，她逐渐能够静心、专心地服务。没想到，在短短的时光里，她就像脱胎换骨一样，内心变得笃定且坚强，我从心里为她点赞，同时又很羡慕她能有这样一段美好的人生历程。我想，在这样的社会大课堂中体悟，薇薇把自己的个人理想融入国家的伟大梦想中，她的青春一定能够绽放出绚丽的光彩。

我问起她的生活："你在那里吃得习惯吗？你最想吃咱们家的什么好吃的呢？"薇薇开玩笑说："咱们家的什么都好吃，什么我都想吃，想吃咱们家的肉饼、包子、各种蔬菜……"电话那头又是咯咯咯的笑声。"其实我这里什么都有，只是比咱们那里贵一些。"她大大咧咧地讲，"有一天，我本来特别想吃葡萄，就到了小卖店里，顺手拿了一串葡萄，称重后老板告知要 100 元，于是我就悄悄地把葡萄放下了。"我心疼地说："想吃就买吧，不要舍不得。"她说："我每个月都要资助 5 个孩子学习，原来以为资助每个孩子每月得需要五六百元吧，其实只需要 100 元就够了，我一下子觉得花 100 元买一串葡萄吃有些负罪感呢，所以就把葡萄放下了。"电话那头的薇薇继续说着，但电话这头的我眼泪已经扑簌簌地流了下来……薇薇察觉到我暂时没讲话，问我是不是要去忙了。"没有，薇薇，你的每一句话我都爱听，你的每个故事我都想听，我在听呢。"

自始至终，薇薇都没有提起过自己的孩子和家庭。我怀着疼惜自问：

我关心过薇薇的孩子和家庭吗？关注过薇薇家的老人的身体情况吗？……不是薇薇不讲就代表她没有困难。都说会哭的孩子有奶吃，但是不会哭的孩子、只会报喜不会报忧的孩子更让我揪心呀！因为她早就学会了为他人着想，懂得了理解和宽容，知道站在对方的视角行事，把困难留给自己、把笑脸留给他人，这样的教师叫我如何不心疼、如何不尊敬呢？

前几日，我去开会，正好碰见刚去看过薇薇的主任。他挥手和我说："薇薇特别优秀！你放心吧！虽然海拔那么高，但她还是激情洋溢，完全把丰台第一幼儿园老师的优秀品质传递到了那里。"短暂的交流让我对薇薇肃然起敬，这是我们幼儿园的老师，也是新时代的年轻人！有理想，有抱负，勇于担责，勇于向前！

"广大青年要坚定不移听党话、跟党走，怀抱梦想又脚踏实地，敢想敢为又善作善成，立志做有理想、敢担当、能吃苦、肯奋斗的新时代好青年……"[1]我从薇薇的身上看到了新时代好青年的样子，也感受到了新时代的青年应该有的那股精气神。

温家宝在全国教育工作会议上的讲话触动了我："要倡导教育家办学。教育的发展有其自身的规律。一个好老师，可以教出一批好学生；一个好校长，可以成就一所好学校；一批教育家，可以影响国家和民族的未来。我国教育事业要兴旺发达，一个重要条件就是让真正懂教育的人来办教育。因为他们有远大理想，关注国家和民族的前途、命运，尊重、敬畏教育的价值和规律，拥有系统的教育理论和丰富的实践经验，对教育充满热

---

① 习近平：《习近平著作选读》第一卷，58 页，北京，人民出版社，2023。

爱并深深扎根于教学第一线。"①我要努力成为有教育家精神的管理者，重视园所氛围的营造。我的理想是为幼儿园创设温馨、积极、向上的生活环境，为每位教职工提供公平、温暖、和谐的工作环境。为此，我提倡教职工要真诚，乐于奉献爱心；注重相互赏识，倡导看到别人的优点就是自己最大的优点；懂得宽容别人就是善待自己，在赏识别人中净化自己，且行且珍惜在一起的让人开心的日子。

我们幼教人虽然每天做的事情微不足道，但整天都是忙忙碌碌的，说不辛苦那一定是假话。不过，每个人的脸上都洋溢着笑容，每个人都能够以热情阳光的状态迎接每一天。我想这一定源于内心对有价值、有意义、有意思的事情的需求。真正用心做教育的教师每天都会沉浸在累并享受着的过程中，将自己和国家的要求、社会的进步、孩子的未来连在一起，也只有做自认为有价值的事情时，才会感到内心充实、有力量。可能也只有这样，才谈得上"热爱"吧，也才会有真正的内在动力吧。

---

① 《温家宝谈教育》编辑组：《温家宝谈教育》，10～11 页，北京，人民出版社，2014。

第四章

增强专业本领

静心书写文字的过程中，我不断问自己：到底真正地体验到了哪条教育真理？似乎很多，但那都是理论文献中教育专家的观点。我无意间在杂志上读过一个小故事。古代有一个人在一次外出春游时，走到农田边上，看到农夫正驾着两头牛耕地，二人便聊起了家常。这个人问农夫："大兄弟，你这两头牛，哪头更棒呢？我看不出来啊。"农夫默不作声，继续耕地。这个人觉得无聊，又问了一遍，农夫笑着看着他，依旧没有回答。直到耕完一趟，在牛吃草、喝水的间隙，农夫才解释道："牛和人一样是有灵性的，牛虽然听不懂话语，但能够从语气、动作中感受到主人的评价……"

　　对这个故事我久久不能忘。教育者无论教育水平高低、教育技巧生熟，都应该葆有一颗尊重、体谅他人之心。当老师时，面对一班稚气未脱的孩子时需要如此；走上管理岗位，面对亲如家人、情同姐妹的同事时，依旧需要这种智慧。这种智慧，我觉得就是专业本领的反映。

1

专业支撑起尊严

　　《孟子·滕文公上》中阐述道："物之不齐，物之情也。"教育既然是"传道受业解惑"，必然存在差异。在逐渐的积累和反思中，四个字了然于心——唯有专业。

　　我们都知道，办好人民满意的教育需要优秀的老师做保障。作为园长，培养优秀的教师是自己的本职责任。如何引领教师队伍的专业成长？我在心里无数次地告诫自己——园长就是首席教师，园长首先一定是教育者，园长最主要的任务是做好专业的引领人，而不是指手画脚的局外人。园长自己一定要站位高、思考深、角度宽，能为教师的专业发展引航。因为对园长来说，在很多事务性的工作上可以做减法，将工作授权给其他老师去做，但唯独"专业领航"的工作只能自己去深入地实践。

　　基于这样的认识，我从不敢有丝毫的懈怠，所以一直努力与教师打成一片，努力观察孩子、了解孩子，站在孩子发展的角度去思考问题。很多时候，教师的实践能力和游刃有余的教育方式方法让我羡慕不已，因为我深深地知道，与孩子接触的时间少了，往往很多时候是接不住孩子抛过来的"球"的。

孩子在游戏中、生活中、互动中会产生很多奇思妙想。有时候他们讲的话，我根本不懂，因为他们有他们这个年纪的喜好，我感觉自己好像已经被孩子的世界淘汰一样，以至于一段时间都会为自己感到难过，赶快去了解他们现在都对什么感兴趣，私下里自己及时补课，了解他们的喜好。不了解孩子还谈什么教育呢？看来孩子就是我一辈子都要追的"星"，我最担心、最害怕、最忐忑的就是自己跟不上孩子的脚步。

一、要有教育定力

如何给幼儿教师减压？这是一个常谈常新的话题，只是随着时代的变化，或者随着幼儿教育的改革，压力的内容不一样而已。20世纪80年代末期，我刚入职幼儿园，那时候教师的压力来自招生、领域课程、环境检查等；现在教师的压力集中于会议、环境创设、家园沟通……我在想，如果我园的教师承受的压力太大，我肯定会自责，肯定会难过，肯定会痛心，把所有原因归结在我——幼儿园负责人——身上。正是因为园长的教育定力不足，才会让教师如此慌乱，想想多么令人汗颜。

作为园长，如何给教师减轻压力？首先，园长要有教育定力，表现为他的专业素养要强、职业精神要厚、事业追求要高，要有教育智慧，更要有自己对教育的内化认知。

教育部在 2015 年颁布了《幼儿园园长专业标准》，其中"专业要求"有六个方面 60 条细则，详细说明了园长应该达到的专业标准，也就是应该具备的基本能力。"把握幼儿园发展现状，分析幼儿园发展面临的问题和挑战，形成幼儿园发展思路"，这要求管理者要因地制宜，走适合自己的发展道路，不需要跟风，而需要有定力；"具有明确的建立教师专业发展共同体的意识"，由这句话可见，人人都是园所管理者，人人都是园所研究者，每个人的价值都需要得到发挥，解决问题的方式要多样化……我在每次学习文件的时候，都会联想到自己园所实际的情况。到底要建设什么样的队伍、建设什么样的园所？这需要有自己的办园思想，更需要有自己的办园主见。园长只有对园所的发展有着清晰的规划、明确的蓝图，才会自动屏蔽一些不必要的琐事，消除徒增教师负担的内容，让教师轻装上阵，时刻做和职业幸福有关的事情。

其次，明辨"压力"是双刃剑，应善于变"压力"为"动力"。马蝇效应说明马儿在马蝇的叮咬下会奋力奔跑，同理，适当的外部压力会激发教师的内生式发展动力，把令教师烦躁不安的事情变成自我发展乃至团队发展的契机。例如，2022 年教育部印发了《幼儿园保育教育质量评估指南》，在学习该指南的过程中，一些问题引发了众多教师的不解和困惑：表征是什么意思？一对一倾听能否听到有关幼儿发展的真实问题？在短时间内认真记录幼儿的游戏过程是否来得及？……那就带着大家一起把这个"硬骨头"啃一啃吧！我们从心理学家布鲁纳的认知表征理论开始讨论，将动作性表征、映象性表征、符号性表征和幼儿实际游戏相结合；再研究瑞吉欧的

"一百种语言"，探索游戏回顾到底有多少种方式；触类旁通，思辨"表征"和"倾听"之间到底有哪些本质联系，是不是没有"表征"就没有"倾听"了，一对一倾听必须以表征为媒介吗……我想，当教师带着研究的精神去剖析压力时，相信压力会变成教师发展的推动力。如此，文件中的"倾听"才能被真正理解，教师才能真正实践于日常保育教育的全过程。

最后，园长还要提升共情能力，懂得减压赋能。每一位教师在工作中都或多或少会有压力。作为教师的成长合伙人和发展指引者，园长有义务了解教师的压力，与教师共情，理解教师的感受，缓解教师的消极情绪，如一起散步、一起进餐、一起聊天，让减压的过程成为赋能的过程。2023年，我园欢度教师节的主题是"躬耕教坛，强国有我"，因为教育与强国息息相关。身为管理者，要积极给教师赋能，让教师懂得只有把实现个人价值与服务祖国人民相统一才能越行越远，也只有不断成为最好的自己才能做高质量的教育。高质量的教育者是什么样的呢？是爱笑的，是阳光积极的，是乐观向上的，是带着幼儿一起向光而长的；是会玩的，是每日新鲜创意不断的，是会和幼儿一起探索世界的；是善思的，是笔耕不辍、一日三省的，是能和幼儿一起教学相长的……终归一点，只有让自己变得优秀，才能支撑起幼儿教师的专业品格。

园长是一道屏障，守住园所自己的特点，因地制宜地进行管理；园长是一条小河，滋润教师心田，让压力转化成成长能量；园长更是一道彩虹，让纷繁复杂的事务性工作闪耀着不一样的光辉，陪伴教师一路前行。回望来时路而思，面向去时路而行。领悟精神方能行远，常问常思才能脚踏实地，敢于坚持便能落地生花。

二、要有两项智能

除了具备专业素养之外，园长一定还需要具有综合能力。我认为，人际智能和内省智能是园长作为管理者的必备能力。

园长的人际智能具体表现在：第一，能与个人和团队进行有效交流，具备基本的沟通技巧，能积极地倾听教师的需求，做出精准的判断；第二，能有效创设团结、友善、和谐的集体，能平等地对待每一个人，给每个人成长的机会，建立学习型、发展型教师发展共同体，为教师的专业能力提升提供支撑；第三，以儿童为中心，能将所有与儿童发展密切相关的群体(家庭、社区、幼儿园等)联合起来，共同参与到支持儿童学习的过程中；第四，能积极地为幼儿园的发展争取更多的资源和支持，密切关注影响幼儿园工作的外部系统，将幼儿园推向世界，使幼儿园面向未来。

园长的内省智能体现为能以理解为基础来调整自己生活、工作的节奏。园长的自我反思、自我诊断、自我发展、自我提升是促进幼儿园高质量发展的基本保障。园长能够在反思的过程中，发现制约幼儿园发展的真问题，从而定期组织专家商讨幼儿园教育，为幼儿园持续发展注入源源不断的动力。

马克思曾说，任何时候，我也不会满足，越是读书，就越是深刻地感到不满足，越感到自己知识贫乏。科学是奥妙无穷的。在科学上没有平坦的大道，只有不畏劳苦沿着陡峭山路攀登的人，才有希望到达光辉的顶点。生活就像海洋，只有意志坚强的人才能到达彼岸。这些话在现实生活中被一一验证着。

我曾用纪伯伦的诗句来审视自己、对照自己，从而督促自己不断前行，同时也影响教师的前行之路。

> 我曾七次鄙视自己的灵魂：
>
> 第一次，当她本可进取时，我却看到她故作谦卑。
>
> 第二次，当她立于残疾者跟前时，我却看到她跛足行路。
>
> 第三次，当她要在难易之间抉择时，我却看到她选择了容易。
>
> 第四次，当她犯了错时，却借由他人也会犯错来安慰自己。
>
> 第五次，当她因软弱而忍让时，却归结为一种坚忍。
>
> 第六次，当她轻视一张丑陋的脸孔时，却不知那也是她自身的一种面具。
>
> 第七次，当她唱起颂歌时，却将它视作一种美德。①

三、要有教育智慧

现代教育心理学认为，在人的性格形成的过程中，环境因素影响很大。幼儿的主要活动范围是幼儿园，幼儿园的环境质量跟幼儿的成长息息

---

① ［黎巴嫩］纪伯伦：《离别时，我的爱不曾旧老》，龙佳妮译，157 页，北京，北京联合出版公司，2012。

相关，并持久地对幼儿产生直接影响，对幼儿具有强烈的暗示性、渗透性和潜移默化的作用。一个灯笼、一盆花、池塘里的几条金鱼，这些都是幼儿认知的对象。幼儿在耳濡目染中形成审美能力，在与环境的互动中建构着自己的生活经验。因此，幼儿园的每一处环境都要体现育人智慧。

幼儿园门厅前方有一个不大的景观。这里有一个 8 平方米左右的鱼池，里面饲养了几条锦鲤，放置了一座假山，假山上有一个小型喷泉，角落里摆放了一些水生的植物。这里是幼儿非常喜欢的地方，经常有幼儿来这里看鱼儿自由游弋时的美丽姿态。

后来，幼儿园的门厅需要重新改造。在改建这个鱼池时，原本计划是用砖块、水泥砌起来，再外包蓝色瓷砖，但是老师们提出，应该便于幼儿从上向下、从外到内地进行观察，了解鱼儿在水下的生活状态，让鱼儿离幼儿更近一些。后勤人员联合技术人员冥思苦想：如何在原有的结构基础上达到方便幼儿观察的目的？应该运用何种建筑材料？怎样与两边的围墙相连接？最后，我们采取了与构建海洋馆玻璃围墙类似的专业做法，使用了较厚的玻璃，再用透明的水晶砖封顶。这个鱼池既保证了美观，又兼顾了幼儿的学习要求，满足了幼儿的观察需要。

一个小小的改变，使这里成为幼儿园的亮点。每当孩子们驻足观望鱼儿时，每当孩子们蹲下来和鱼儿窃窃私语时，我都会感受到教育是一项需要智慧的工作。

2

勤俭节约是专业素养

　　我常给教师讲周恩来换枕巾的故事。1958 年，周恩来到杭州视察，随身带着枕巾、床单、被子等，其中被子是解放战争时期使用的，枕巾则经缝缝补补已破旧不堪。浙江省警卫处的同志趁周恩来不在，为他换了一条新枕巾，周恩来发现后语重心长地告诉警卫员，我们的国家还不富裕，要保持艰苦奋斗的传统，即使以后富裕了，也不能丢了这个光荣传统。[①] 周恩来用行动提倡勤俭节约、不追求享受，提醒我们要保持中华民族艰苦奋斗的优良本色。

　　治园、管园应该如同生活一般，"一粥一饭，当思来处不易；半丝半

---

　　① 习近平：《在纪念周恩来同志诞辰 120 周年座谈会上的讲话》，载《光明日报》，2018-03-02。

缕，恒念物力维艰"。节俭有助于在点滴之中正风肃气，促使幼儿园走上内涵发展之路。在物质生活丰富的今天，节俭早已不是穿带补丁的衣服的外显行为，更多反映在细节之中，可谓细节中见本质、细节中见思想、细节中见管理智慧。

一、节约成本，经济适用

翻开幼儿园的后勤计划和总结，"节俭、节约"等字眼都司空见惯。别看幼儿园不大，每天都需要消耗大量的财和物。如果我们没有节俭的意识，如果没有养成节俭的习惯，精算起来，浪费导致的后果是极其严重的。游戏材料的提供、幼儿科学带量食谱的制定、生活用品的合理使用……这些不是简单地在计划中写下"节约、节俭"的字眼就能够做到的。节俭体现在日常的生活中，体现在对需要者的关注中，体现在点点滴滴的认识中，节俭要变成我们的行动。

那么，什么是真正的节俭呢？后勤管理者，可谓是幼儿园最会过日子的人、最会计算经费怎么花的人。这样的后勤管理者是镇园之宝，因为他们处处为幼儿园着想，希望能为幼儿园节约成本。但采买的原则是什么？是便宜吗？有一次，幼儿园来了客人。刚将盛满水的纸杯递过去，水就漏了出来，于是我赶快在纸杯下面又套了一个。本以为没事了，没想到水又漏了出来。事后问询得知，所购的纸杯价格便宜，但若两个、三个纸杯套在一起用，细算下来，反而增加了费用。质量不好带来的浪费现象，着实让人心疼。看来，钱如何花得有效，使物有所值，这对于管理者来讲是一门大学问。同时也说明我们的专业水平还有待提高，采购的制度、规则还需要采购人员了解、明知。

二、物尽其用，历久弥新

幼儿园的节俭需要以科学的知识和有效的管理为保证，以扎实的研究为积淀。一次，看到食堂老师择芹菜的过程，我心里有无限的感动。老师先把芹菜的梗择干净，接着把芹菜的叶和根都挑了出来。询问后才知道老师准备用芹菜的叶给孩子们做汤，用根来煮水，在季节更替时让孩子们饮用对身体很有好处。当然芹菜还可以有多种做法。老师对每一种菜的根、茎、叶的价值都进行了研究，不随意扔掉，做到了节约不浪费。

幼儿园中常见瓶瓶罐罐、纸箱等废旧材料，它们在教师的巧手中变成了孩子们喜爱的玩具。我也总见各种果壳、玉米秆等自然物成为孩子们手工的操作材料。我被为人师者身上的优秀品质深深感染。只有秉持简单生活、自然游戏的教育理念，在物尽其用方面教师才会创意不断，这也是教育观、生活观的另一种体现。

三、静以修身，俭以养德

节俭治国，节俭也是幼儿园持园的方略。我们通过节俭治园，不仅能够提高教师的研究意识和创造能力，而且还可以提高孩子、家长的节俭意识，养成节俭习惯。

诸葛亮在《诫子书》中强调："夫君子之行，静以修身，俭以养德。非淡泊无以明志，非宁静无以致远。"这说明节俭不仅是物品使用方面的问题，更反映出人的修养问题。教师有"传道受业解惑"的职责，其中，"传道"中的财物使用之道，就是不浪费、物尽所用。对物品的尊重和爱护，就是与周围环境和谐相处的表现。在专业的教育场地，孩子在潜移默化中感受到环境传递出的温馨，也会从多角度看待问题和事物。

因此，节俭对幼儿园来讲并不是简单的不浪费，而是渗透着教育者的大智慧。幼儿园的管理者只有在治园的过程中不断强化"节约、节俭"的理念，在工作计划中本着绿色、环保、节省的原则，统筹兼顾，不浪费教师的精力和时间，才能让教师在岗位工作中发挥时间和精力的最大功效，为幼儿快乐发展贡献更多的才智。

3

行走的制度让专业发展加速

幼儿园都会面临哪些检查？上级工会检查工会创建情况，组织科室检查党建工作开展情况，教科研部门考察教科研水平，督导部门全面督导幼儿园工作，消防部门检查消防安全，市场监督管理局检查食品安全情况……这些检查让我们应接不暇。

检查是为了考查幼儿园对各项制度的执行情况。那么幼儿园为什么要制定并遵守种类繁杂的制度呢？如果将幼儿园应遵守的制度以文字的形式加以整理，可形成厚厚的一册，但是它对幼儿园发展的价值是什么？我做园长伊始，就要求进行制度化管理，但制度体现在哪里？制度是谁制定的？教师是否乐于去遵守制度？制度的制定与以儿童为中心的关系是什么？幼儿园的制度又是怎么形成的？

一、制度是园所发展的阶梯

仔细思考，接受检查的过程是梳理制度的过程，更是难得的成长过程。在这一过程中，幼儿园能够反思是否对各项工作进行了整体规划，以实现园所质量的全面提升。可见，制定并遵守制度是检验一名园所负责人专业领导力的试金石。不可想象，假如由一位尚摸不清制度的引领者引领园所发展，会出现多么令人不寒而栗的现象。

制度是要求大家共同遵守的办事规程和行动准则，是一种规范，是一种强制力和约束力，是人们都相互认同的自觉行动，也是调节人们之间的利益、提高管理效率的手段。如此一来，制度需要包含禁止型制度、倡导型制度，两者迥异，一个摒弃消极，另一个发扬积极。

制度应体现严格规范性。首先，制度指向的是正确的事，制度的制定初心是解决现实工作中的问题，制度的价值取向是追求目标结果，制度的制定过程遵从的是从问题到结果的逻辑思路。其次，检测制度的标准是可行性和可操作性，看其能否解决当前困难、为教师的成长服务、为幼儿园的发展服务。最后，有思想、有目标、有方案，制度应成为一级级台阶，让教师实现更好的成长。

二、制度需要细化

一年中秋节，园内发生了一件和制度有关的事情。当天，早餐食谱是

"黏玉米＋一块月饼＋鸡蛋汤"。粗看没有问题，但是执行的时候却出现了问题。食堂准备的月饼没有拆开包装，被一整块一整块地送到了班级。班中老师对照送来的月饼数量和孩子的数量，便判断出每个孩子分一整块月饼。可是，在早餐时段，一块月饼，再加上黏玉米和一碗汤，孩子能吃完吗？但是制度规定，必须按量分给孩子，最后，很多班级的月饼都剩下了很多。追问原因的时候，每个部门都以制度为借口推责。食堂老师说，"我们是根据食谱采购的月饼，并分配给了各班"；医务室老师说，"我们负责制定食谱，但是没有想到食堂老师会买这么大的月饼，主班老师应该有意识把一整块月饼分成四小块给孩子吃啊"；主班老师说，"人数和月饼数是对应的，何况医务室老师三令五申，要把饭菜给孩子们分配完，不能剩饭菜啊"……如若单听一方之词，谁都是按照制度办事的，没有错误，但背后却反映了管理中的问题：肯定是平日管理严格，导致教师不敢言语；肯定是平日要求以制度为先，导致教师忽视了以人为本；肯定是平日批评多于表扬，导致教师不愿过多询问；肯定是早餐时段巡班不够及时，遇到问题没有及时解决；肯定是制定食谱的时候没有关注到克重，工作做得不细致……

长期以来，我们没有对制度的功能和实质进行充分认识，如同盲人摸象，只见其表而不知其内涵。表面看来我们也在遵守制度，但常常由于没有对制度进行系统研究，因此使制度难以发挥预期的成效。所谓制度化管理中的"制度"在幼儿园的管理中到底起着什么样的作用？如果在遵守制度的过程中只是单单考虑到幼儿园的整齐划一、规范要求，而没有考虑到生活在这里的人的价值，没有注重人文关怀，那么幼儿园就失去了教育的本质，制度也就失去了其本义。

三、制度需要活起来

遵守制度是为了追求一个共同的目标，那么应坚持公开执行、公平履行的原则。制度经济学中常常引用"分粥"的案例来说明制度的功能。在一个僧多粥少的庙里，人们发现分粥者所分的粥有多有少，因人而异，很不公平。于是大家商量，决定轮流掌勺，一人分一顿，情况一时有所好转，但时间一长，人们发现个别人给自己分的粥明显更多。经过反复讨论，大家决定在轮流掌勺的基础上再加上一条规矩：分粥者必须拿最后剩下的那一份。这样，问题最终得到了很好的解决。从"分粥"的案例中不难看出，制度是全体参与、实现自治的利器。

作为管理者，我力图对园所的制度进行进一步梳理，让制度动起来、活起来、行走起来！变化、调整制度的过程应该成为分析队伍问题的过程，成为研究教师成长策略的过程，成为指导教职工职业生涯发展的过程。

"求木之长者，必固其根本；欲流之远者，必浚其泉源。"制度固然重要，是管理园所必要的工具，但最终要达到的管理高度是消除文本的制度，把约束内化于心，让条条框框变成一种自觉的力量，外化于行。我想这才是制度发展的必然。

4

总结工作是专业成长的最佳路径

相信大家对工作总结丝毫不陌生。回顾一下我们的工作总结，令人印象深刻的创意、做法、方案有哪些？

一、心不在焉"听"总结

"总结"是从上小学就会接触到的词语，直到退休，工作总结与人形影不离。幼儿园的总结门类繁多，五花八门，有日总结、周总结、月总结、期末总结，有区域游戏总结、家长工作总结、个人成长总结。做工作总结已经成为园所最为寻常的活动之一。

在工作总结会上，我们有时会听到教师抱怨："又总结，翻来覆去就是那么几件事情！"

已经发过言的教师轻轻松松，东张西望盼结束；还没有发言的教师心里只惦念自己的内容，而不听他人的发言。教师的总结是讲给管理者听的吗？

二、扪心反思"论"总结

工作总结会本是管理者提供的一次让教师互相学习和借鉴的交流机会，为什么会变成这样？仔细分析便不难发现，有的教师在总结里罗列了太多空话、套话。听到大家的总结，管理者如鲠在喉，主要是心疼教师用大量的时间做了那么多工作，却传递出让人觉得没有太大价值的信息。

要不要总结呢？我们需要什么样的总结呢？总结的价值在于什么呢？如果我们的回答是"很有必要"，那就一定要改变一成不变的总结形式，注重总结内容的丰富性，强化总结的亮点展示，让教师爱上总结、期待总结、乐于总结、自觉总结，从而使得总结为下一阶段的工作开启明灯和指明方向。

有的教师不乐于总结，认为总结会耽误时间，是走形式，是任务要求，是向领导展示而已，这种认识是不正确的。总结能让平凡的、重复的工作变得富有意义和价值。怎样让总结不流于形式、不走过场、不敷衍了事，减少事不关己的论调、夸夸其谈的陈述和无关痛痒的评价呢？

首先，我们要反对空话、假话、套话、大话、不切实际虚伪的话；其次，要汇集民意，让总结发挥出应有的价值，讲出思想、讲出做法、讲出本真。

这就需要教师在做总结时注意以下方面：要注重反思，教师应对上一阶段做的工作进行冷静的反思，提高认识，获得经验，为进一步做好班级工作打下思想基础；要注重科学，不能就事论事、"跟着感觉走"，而要就事论理、辩证分析，力求得出科学结论，这样才能促进工作的转化；要注重叙议结合，有评有论，通过典型材料及分析评议，阐明自己的观点，使经验教训条理化、理论化。我认为总结是教师梳理提升的过程，是教师发现问题和解决问题的过程，是教师相互借鉴、产生共鸣的过程，是发展批判性思维的过程，也是调整过去行动和方法的过程。总之，总结工作有凝聚团队之力、谋划新篇之路的作用。

三、革故鼎新"变"总结

变表述方式。常见现象是教师提前写好一篇总结报告，从头念到尾，让其他人听后感到疲劳。我们鼓励讲述者放下手中的纸张，用情感讲出自己的教育故事以及故事背后的思想。

变分享内容。记流水账式的总结没有重点和关键点。我们可以从工作过程中的一件或者几件事情入手，总结所想、所思，使这件事情发挥最大价值，从而举一反三，给人启示。例如，处理完一项家长工作纠纷后，就要深刻总结在处理此事的过程中，传递的家园理念是什么，处理的方式方法是什么，隐藏的情感价值是什么。只有把此事剖析透彻，才会让听者拨开云雾见青天。

变呈现方式。总结内容的呈现方式很大程度上影响总结的效果。要做到"四个说话"：用事例说话，如讲述教师成长案例、幼儿发展案例、家园共育案例，通过案例让教育思想落地生根，通过案例阐明自己的思想；用数据说话，要善于收集、分析数据，以数据为支撑说明研究的过程，通过数据对比分析明确下一步的努力方向；用研究说话，如呈现研究过程和研究现场、凸显研究成果；用思想说话，讲述中要见思想、见智慧、见行动。个人教育思想和教育智慧的形成是通过实践而来、通过研究而来的。

变听众范围。改变总结只由本部门、本小组参与互听互评的固有模式，邀请后勤部门、保健部门、家长委员会等各个部门都参与进来，体现出"全园一盘棋"。幼儿园教育本是环环相连的教育整体。总结要呈现出亮点，呈现出相互补台、相互鞭策的局面。

变评价主体。以往的总结中，教师要么是讲述者，要么是倾听者。仅仅单向倾听激发不了教师的深度学习，高质量的有效互动可以增加学习价值。鼓励人人发表见解，成为点评专家，改变"我说你听"的一言堂现象。

四、朝气蓬勃"乐"总结

当教师从实践中领悟到了总结的必要性，尝到了总结的甜头时，总结便成为一种力量，一种推动全园教师发展的力量，一种梳理提升的力量，一种教学相长的力量，一种研究儿童的力量。幼儿园管理者要想办法让总结成为教师的自觉行为、乐此不疲的行为，让总结工作促进教师的思考，让总结会成为教师互相学习的平台，成为教师互相了解的重要方式和手段，促使教师开启头脑风暴，让教师在学习他人之长的同时，找到自己的目标定位，为今后的工作任务做好铺垫。

幼儿园不要轻视小小的总结会。管理者从总结中能够了解教师的研究轨迹、平日教育言行中的优点和不足；教师从总结中不但能够梳理提炼出自己的观点，更能够学习到同伴的亮点做法，解开困扰于心的疑惑。总结会是智慧会，总结会是创意会，总结会是纳贤会，总结会是分析思考会，总结会更是园所发展方向的会诊把控会。

5

研读幼儿是专业核心

习近平总书记曾在《之江新语·不兴伪事兴务实》里引用了古人的一句话"不受虚言，不听浮术，不采华名，不兴伪事"，鼓励大家在工作的时候要务实，实干兴邦。在幼儿园中，实干就是指教育幼儿，培养德智体美劳全面发展的社会主义建设者和接班人。《教育部关于全面深化课程改革落实立德树人根本任务的意见》中指出："全面贯彻党的教育方针，遵循教育规律和学生成长规律。"从教育政策的制定者到教育行政部门，再到基层园所管理者，都要研究"规律"二字。

一、游戏的核心是为儿童赋权

在幼儿园教育中，自主游戏作为一种重要的教育方式日益受到重视。

那么，有效开展自主游戏的关键是什么？我认为，关键是要厘清自主游戏传递了什么样的观念。从教师的角度来看，自主游戏的关键不在于游戏本身，也不在于游戏形式的多样性、游戏材料的丰富性和低结构性，而在于理解和践行正确的儿童观，理解信任儿童，为儿童赋权。

试问一下：

什么是自主游戏？

我们为什么要特别强调自主游戏？

游戏本身有没有自主性呢？

自主游戏对儿童发展的价值和意义是什么？

怎样有效地实践？

如何更好地实现为儿童赋权呢？

（一）自主游戏的定义与核心目标

自主游戏是儿童自发、自主、自由的活动，是由儿童内在动机引发的行为，是儿童根据自己的意愿自由选择材料和内容的活动，属于本体性游戏。游戏的目的在于游戏本身，儿童表现出对游戏材料的兴趣和主动探究式的游戏方式。这里虽没有发展的特定指向，但它也一样体现着儿童发展的目标趋势。因此，我们必须给予儿童充分开展自主游戏的机会，对儿童游戏的能力水平、方式方法给予充分的尊重，给儿童时间和空间，给儿童探究的机会，使儿童得到充分的满足和愉悦的体验。

自主游戏的核心目标是为儿童赋权，而非简单地进行某种形式的游戏。为儿童赋权是指在教育过程中赋予儿童决策权，尊重他们的选择和意见，从而促进儿童的自我发展。自主游戏通过为儿童提供选择和决策的机会，能够促进儿童的自主性、创造力和社交能力的发展。

(二)对自主游戏的误解

目前在自主游戏的开展过程中，一个常见的误解是过分关注游戏的形式、游戏的材料等，而忽略了游戏的核心目标。

很多时候，明明是儿童在自主游戏，游戏中却夹杂着教师的任务或指令要求，儿童被迫接受教师传授的游戏玩法。比如，教师给孩子准备了石头和砖，让孩子来砌墙；给孩子准备了沙坑，让孩子在这里打洞；给孩子准备了低结构的木棒材料，要求孩子给木棒涂上颜色等。由于夹杂了教师的思想意识和要求，加上材料本身并不是孩子生活中常见的，游戏中缺少了自主的味道。有的老师还会解释："我们也知道要给孩子自主游戏的时间，给孩子按照自己的意愿创新玩法的机会，但孩子确实也没有什么创新的玩法，有时甚至不知道该怎么玩啊。"

老师讲的现象确实存在。为什么会有这样的现象？想一想，是谁为孩子准备的材料？材料是不是孩子生活中常见的、感兴趣的、需要的材料？孩子要用这些材料解决什么问题？我认为，教师恰恰不是要为孩子准备材料的人，也千万不要盲目地追求材料的自然多元，而应该在师幼互动中，听到孩子的声音，帮助孩子发现问题，了解到孩子的需要。至于问题，孩子想不想解决、怎么解决、用什么方式解决，就要由孩子自己决定了。不是一谈到自主游戏就要给孩子准备大量的自然材料，而是要关注孩子发现问题、解决问题的过程。想一想，如果自主游戏还需要教师教，孩子才会玩，那这样的游戏一定不是孩子感兴趣的游戏，教师这时候就该担心孩子会不会在这样的游戏方式中失去创造力和学习的精神。

违背了初衷和价值的自主游戏，只是形式上的自主游戏。如果没有认识到这个问题，就会出现教师自认为准备的材料是低结构的、自然的，但游戏既偏离自然又没有意义的现象，导致其沉浸在看似热热闹闹的、自由形式的氛围中而不自知。

(三)实现为儿童赋权

教师有计划的教学游戏也被称为手段性游戏，手段性游戏中体现了教师的主导作用，儿童不能完全依照自己的意愿自主游戏，需要教师进行适时、适宜的干预。当然，这需要教师的教育智慧做支撑，让教育目标、教育方法藏在游戏过程之中。那么，教师在自主游戏中扮演着什么样的角色呢?

在儿童的自主游戏中，教师要不要干预? 怎样干预? 这一直是教师纠结的问题，好像干预就会剥夺儿童的自主性一样，很多时候教师会表现得畏首畏尾，不知道该怎么办。其实，教师在自主游戏中扮演的角色至关重要。教师的任务不仅是提供游戏材料和环境，更重要的是引导儿童理解自主游戏的意义，帮助儿童在游戏中自主选择和实践决策。这要求教师本身对为儿童赋权有深入的理解，并能够在实践中有效地支持儿童的自主。对于儿童来讲，越感觉不到干预，活动中选择的自由度越高，就越能够体现出自主，当然，也就越能够体现出教师的教育智慧。

因此，教育者应将重点放在如何通过游戏赋予儿童决策权和自主权上。想一想，活动中我们给孩子自主的机会了吗？教师在活动中要做些什么呢？其实，每个孩子身上都会有故事，关键是看教师有没有关注、在不在乎、有没有发现。我们是不是将每个孩子都纳入了视线？我们又是怎么与他们互动的？观察是重要的，但观察不是盲目的。我们为孩子拍了那么多照片、视频，这些能够助力孩子的成长吗？我们要能够抓住观察的要义，因为高质量的教师一定能够给予孩子高质量的回应。

总而言之，自主游戏的核心目标在于为儿童赋权，而实现这一目标的关键在于教师的理解和实践。只有当教师充分理解了为儿童赋权的意义和价值，并在此基础上引导和支持儿童自主游戏时，自主游戏才能真正发挥其在幼儿教育中的作用。

二、低结构材料是教育载体

《幼儿园保育教育质量评估指标》在关键指标"玩具材料"中强调，要以低结构材料为主。这引起了幼儿教师的讨论。什么是低结构材料？为什么要以低结构材料为主？低结构材料在幼儿发展过程中的价值和意义是什么？

我想，幼儿园的低结构材料是指所有可以由儿童自由移动、重新组合、搭建和摆弄的材料。低结构材料主要包含自然材料（石头、沙子、树叶、种子、花瓣等）和可再利用的人工材料（纸箱、纸卷筒、绳子、纸杯、吸管、雪糕棒、衣夹等）。低结构材料没有特定的玩法，儿童可根据自己的需要任意摆弄、操作，这个过程中蕴含着探究的机会和获得的乐趣。

"以低结构材料为主"传递的是什么声音呢？

（一）强调"以低结构材料为主"是对儿童学习特点的尊重

《3—6岁儿童学习与发展指南》提出儿童是在"直接感知、实际操作和亲身体验"中学习的。儿童是通过感官直接感知事物或现象而获得知识经验的；儿童需要亲身参与，通过有目的、有计划、有方法、有步骤的操作来探索周围世界；儿童需要通过具体的实践活动形成真实的感受，在感受中自主评价，反思过去的认识和行为，进而形成正确的认知和观念。《幼儿园保育教育质量评估指南》强调，尊重幼儿年龄特点和成长规律，珍视生活和游戏的独特教育价值，促进幼儿在原有水平上的发展，促进幼儿园积极创设丰富适宜、富有童趣、有利于支持幼儿学习探索的教育环境。"以低结构材料为主"就是要求尊重儿童的学习规律，满足儿童实践探究的愿望，鼓励儿童多样化的游戏行为，支持儿童在与材料互动中解决问题。

孩子在摆弄材料的过程中会产生各种天马行空的想法。西蒙·尼科尔森曾经有这样一段表述：创意属于少部分天赋异禀的人，我们大多数人都生活在这些天资极高的人创造的环境中。我们聆听他们创造的音乐，享受他们的发明，欣赏他们的艺术，阅读他们的诗歌。造成的结果就是大多数人觉得自己没有能力去涉及一些需要创意的工作……从这样的描述来看，充满创意的生活只属于一小部分人，而大多数人的生活则与此无缘。但幸运的是，儿童还没有陷入这样的困境中，一旦有机会，儿童就会充分展现自己无限的创意。我们为孩子准备低结构材料，就是为孩子准备可供遐想的空间与机会，等待孩子的发明创造。

(二)强调"以低结构材料为主"是对教师专业能力提升的重视

材料的投放与儿童的发展之间存在双向的关系,材料的投放会影响儿童的行为,儿童的行为与材料的投放息息相关。教师是低结构材料的挖掘者和投放者,要选取安全、可靠的游戏材料建构游戏。操作材料对儿童来讲就是学习,摆弄材料的过程不仅是对已有经验的再创造、对新经验的习得过程,也是通向自发、自主、自觉的阶梯的过程,教育的价值在这一过程中得到实现。

低结构材料并不是某种单一的材料。教师需要通过关注儿童的游戏行为,对儿童的发展情况和需要做出客观全面的分析,并分析低结构材料的隐性价值,思考如何通过材料促使儿童发展新的经验,为后期调整材料做准备。

教师要在儿童游戏的过程中给予儿童积极的回应,支持儿童尽情发挥自己的想象力来创造。比如,孩子是怎样玩树枝的?在树叶排序中孩子是怎样操作的?孩子是怎样追逐树叶跑来跑去的?看到树叶落在地上时孩子是怎样操作的?……教师要在与儿童的互动中,引导儿童不断发现新问题,并给予儿童支持,引导儿童深度拓展并持续地游戏,发现儿童的有意义学习,支持儿童的探究、试错、重复等行为,与儿童一起分享游戏经验。在这样的师幼互动中,教师的专业能力也能获得有效提高。

(三)强调"以低结构材料为主"是对国家生态文明思想的践行

习近平总书记多次指出,推动建设节约型社会。社会也大力倡导简约适度、绿色低碳的生活方式，反对奢侈浪费和过度消费。幼儿园要把勤俭节约、杜绝浪费、珍惜资源融入幼儿的一日生活中，融入日常的游戏活动中，融入幼儿的养成教育中，融入家园共育的协作中，让文明之花开遍幼教的各个角落，让节约理念深入每个人的心灵。

生态文明强调人的自觉与自律，核心是以人与自然、人与人、人与社会和谐共生，良性循环，持续繁荣为基本宗旨的社会形态，强调人与自然环境的相互依存、相互促进、共处共融，既追求人与生态的和谐，也追求人与人的和谐，它反映了一个社会的文明程度。我想，这不就是我们幼教人应该追求的目标吗?

倡导低结构材料特别需要我们关注对日常生活材料的节约和生态的保护，注重幼儿教育全过程的节约管理，并与品德启蒙的要求紧密结合，降低能源消耗和浪费，提高材料的利用率。注重以低结构材料为主，其实潜移默化地强化了在儿童阶段对环保意识、低碳意识、生态文明意识的培养。

(四)低结构材料的投放和运用中存在的问题

近几年，各个幼儿园在环境材料的投放中特别注重高结构材料的投放，低结构材料逐渐减少。即便有的幼儿园投放了低结构材料，也会存在制作的多、使用的少，好看的多、实用的少等问题，久而久之，低结构材料就失去了实际的教育价值和意义。具体来看，存在的问题主要表现在以下方面。

第一，低结构材料随意投放。部分教师不能很好地分析幼儿游戏发展

的特征，盲目投放材料，不管是什么材料，只要是生活中可以再利用的都
会拿到幼儿园来，没有进行有效的筛选，导致材料繁多杂乱，孩子们不知
道要选什么材料进行游戏，这反而干扰了游戏的过程和质量。

第二，材料投放中教师的主观判定较多。有的教师在投放材料前就已
经限定了材料的玩法和用法，限制了儿童的创意，并且对儿童游戏过程中
的行为表现和发展需求关注不够，实际投放的材料不能与儿童内在的游戏
发展需要相匹配，材料本身的自由变通性缺失。

第三，低结构材料游戏中教师支持较少。同样都是低结构材料，为什
么有的班里孩子们别出心裁、创意不断，有的班里孩子们却兴致一般、效
果一般？我认为这与游戏中教师的支持智慧有很大关系。

对低结构材料的探究需要孩子们使用加工、拼摆、搬运、建构等策
略。由于材料结构简单、生活中常见、功能作用多元、可变性和操作性强
的特点，儿童可以按照自己的想法随意构建，从而产生自己的新思考和创
造。低结构材料更能在每天的游戏中给孩子们新的惊喜。孩子们自创的游
戏玩法，使思维更加灵动。教师要充分相信儿童、鼓励儿童，把决定权、
选择权、创作权还给儿童，追随儿童的声音和想法，让儿童通过自己的探
索发现问题。教师应了解班级儿童的已有经验，理性地分析、调控游戏材
料的难易度。另外，教师还可以通过观察、参与游戏，适时增减低结构材
料的种类、数量，或改变其呈现方式，从而激发儿童可持续的兴趣，使儿
童玩出新的精彩。

玩具材料"以低结构材料为主"不是跟风，不是作秀，不是环保的伪概
念，而是实打实的能够点燃儿童智慧、促进儿童发展的宝藏。幼儿园每个

孩子都极其富有创意，所有的创意都值得被细心呵护。低结构材料中蕴藏着儿童的世界，只有让儿童自己去探索、去发现，他们才能找到这个属于他们的世界。

三、儿童更高级的表达方式不局限于绘画表征

2022年，教育部印发了《幼儿园保育教育质量评估指南》。其所附的《幼儿园保育教育质量评估指标》中有两个字——"表征"引起了大家的广泛重视和讨论。关键指标"师幼互动"中第28条指出："重视幼儿通过绘画、讲述等方式对自己经历过的游戏、阅读图画书、观察等活动进行表达表征，教师能一对一倾听并真实记录幼儿的想法和体验。"

(一)从望文生义、不求甚解到寻根溯源、刨根问底

什么是"表征"？为什么要让儿童进行表征？表征对儿童发展的价值是什么？教师应怎样识别儿童的表征？儿童是用什么方式进行表征的？……为了更加准确地理解这句话，我们有必要对"表征"一词进行正确释义。

表征又称心理表征或知识表征，指信息或知识在心理活动中的表现和记载的方式。表征是外部事物在心理活动中的内部再现。儿童表征是指儿童使用大量的图像和符号来表达自己的想法，他们用特有的方式来表达思想和认识，借助自身直接参与的活动来认识和了解事物。可见，表征是儿童思维外化表现的主要载体，也是教师读懂儿童的一种方式。

作为教师，我们要明白儿童的表征方式有哪些。儿童感兴趣的影像、

儿童的作品、儿童看的图画书、儿童探究过程中的对话、儿童对某一问题的认知以及儿童对事物和人物的态度等，都可能作为儿童的表征。看来，"绘画""讲述"只是众多表征方式中的几种。

(二)从断章取义、被动执行到整体分析、主动思考

每个幼儿园学习文件后的理解不同，在落实文件精神上就会有不同的做法。比如，有的幼儿园会在自主游戏后请儿童用绘画的方式来表征游戏中的现象，以帮助教师了解儿童在什么地方游戏、玩得如何、遇到了什么困难、有什么可以分享的事情等。这样做本无可厚非，但把绘画表征强加给儿童，作为他们必须做的事，并以此作为教师观察了解儿童的方式方法，未免落入了"为了表征而表征，为了倾听而倾听"的深渊。

《幼儿园保育教育质量评估指南》是全国的幼教专家和同行进行了大量调研、讨论、实验之后形成的文件，就像指挥棒一样引导着全国的幼儿教师更好地工作。所以，一定不能断章取义，不能仅看某一两句，而是要结合整个文件整体地、联系地去看。我常提醒自己要切换角色，不要做一个被动的、机械的执行者，而要主动地从更高的站位去思考，从政策制定者、研究者、教育者的角度去思考。这种思维方式常能给我更大的收获。

①从评估的基本原则来看，文件中提出要坚持以下基本原则。第一，坚持正确方向。树立科学评价导向，推动构建科学保育教育体系，整体提升幼儿园办园水平和保育教育质量。第二，坚持儿童为本。尊重幼儿年龄特点和成长规律，注重幼儿发展的整体性和连续性，坚持保教结合，以游戏为基本活动，有效促进幼儿身心健康发展。第三，坚持科学评估。完善

评估内容，突出评估重点，改进评估方式。第四，坚持以评促建。充分发挥评估的引导、诊断、改进和激励功能，注重过程性、发展性评估，促进幼儿园安全优质发展。

②从评估的指标细则来看，《幼儿园保育教育质量评估指标》指出，"认真观察幼儿在各类活动中的行为表现并做必要记录，根据一段时间的持续观察，对幼儿的发展情况和需要做出客观全面的分析，提供有针对性地支持。不急于介入或干扰幼儿的活动"。试问自己：让儿童每天用绘画的方式进行表征是不是也在干扰儿童的活动呢？"能识别幼儿以新的方式主动学习，及时给予有效支持。"追问自己：怎样识别儿童是以新的方式主动学习的？绘画表征的方式能够识别出儿童是以什么样的方式主动学习的吗？

我认为，师幼互动的关键在于互动，儿童与教师之间的互动、儿童与环境之间的互动、儿童与儿童之间的互动等。教师要能够看见儿童、看懂儿童、理解儿童，在与儿童主动的交流中倾听儿童的想法、尊重儿童的做法、支持儿童按照自己的意愿探究。我们理解的用绘画方式进行表征一定不是为了表征而表征，而是引导教师在与儿童互动中，获得关于儿童的更多的了解。

③从评估的价值来看，许多指标其实都在引导教师要经常走进班级、走进儿童，与儿童互动游戏，倾听儿童的声音，了解儿童的心理发展，关注儿童的学习方式和学习能力。《3—6岁儿童学习与发展指南》中明确指出："幼儿的学习是以直接经验为基础，在游戏和日常生活中进行的。要珍视游戏和生活的独特价值，创设丰富的教育环境，合理安排一日生活……"所以，教师要善于从游戏和生活中观察儿童，分析儿童的行为，

倾听儿童的语言表达，了解儿童对事物的认识。

(三)从停留纸面、方式单一到结合实践、双向分析

其实分析到这里，我们似乎已经得到了一个相对准确的解读，但是，所有工作最终都要回到实践中去。于是，我又开始结合实践追问自己：要让孩子每天自主游戏后都进行表征吗？表征是孩子为教师能够了解自己而服务的，还是教师为真正了解孩子而采取的适宜方式呢？每天的表征是孩子需要的吗？表征是教师观察了解孩子的必由之路吗？再进一步思考一下：假如这样做了，我们还会不会与儿童共同游戏呢？还会不会在游戏中抱着激情和热情去欣赏了解儿童呢？

我认为，千万不要把表征作为幼儿园的常规要求。因为"绘画"也好，"讲述"也罢，都不是为了表征，表征只是道路；透过表征去评估儿童、支持儿童，才是我们要达到的目的。所以，最终目的是让教师能够用心去观察了解儿童，关注儿童的兴趣和好奇心；去理解儿童的想法，倾听儿童的意愿；去尊重儿童的做法，支持儿童自主探究。教师要把时间和精力用在听儿童间、师幼间的对话上，看儿童间、师幼间的行为上。而师幼互动的情况作为评估幼儿园教育质量的关键指标得到了越来越多研究与实践的证实，经常的、温暖的、及时的、回应性的、支持性的师幼互动是高质量幼儿园教育的典型特征。

此外，这句话的价值还体现在评估中强化教师对儿童个体差异的尊重，对喜欢用绘画表达自己内心感受的儿童给予深度化理解，对不善于用语言交流的儿童给予个性化支持。换句话说，孩子们的表征需要建立在兴

趣之上，要尊重儿童的多种表征方式。

总体来说，教师要关注、识别、回应儿童的需要，评估儿童发展的现状，改进不符合儿童发展的方式方法，并用激励的方式发展儿童持续的探究兴趣。

四、尊重儿童的学习路径

相信每一位用心陪伴儿童的教师都能感受到，游戏对儿童的力量是巨大的。儿童喜欢玩游戏，每个游戏中都蕴藏着深层次的意义。陈鹤琴认为，小孩子是以游戏为生命的。在儿童成长的过程中，游戏犹如空气、阳光和水，孕育儿童强健的体魄，温暖儿童纯洁的心灵，滋润儿童张扬的个性。儿童通过游戏一边探索世界，一边施展着自己在这个世界中的能力。也正是在这个过程中，儿童变得越来越自信，越来越喜欢探究，越来越喜欢思考和学习。

"游戏是儿童的基本活动"这句话我们人人都知道。如何尊重这种独特的学习路径呢？

(一)游戏教儿童学会生活

儿童是从游戏中学会生活的，做饭炒菜、看护娃娃等游戏中都呈现出成人习以为常的生活场景。周围的一切，儿童都看在眼里、学在心里，然后不知不觉地在游戏中重现着他们对生活的理解。

一个两岁的孩子会重复把食物扔在地上，而且乐此不疲，但为什么成人不会觉得有趣呢？我们会觉得这是在浪费食物、调皮捣蛋，当然从科学的角度来说，我们知道这体现了地心引力的作用。但对于儿童来讲，这一切都是全新的，不管怎么扔，食物都会掉在地上，而且食物受到撞击后形状会发生变化，有的变得软塌糊烂，有的则摔出了汁，这太好玩了！世界万物等着他们去发现、去体验。如果成人能支持孩子的主动选择，那孩子一定会很投入专注地做事，在这样的过程中学会尝试、体验和创新。孩子有了充足的游戏机会，便能够在未来感受到力量。

很多父母会说："哪有那么多的时间陪孩子玩游戏啊？"但仔细算一算就会发现，我们花在唠叨、催促、责怪孩子上的时间远远超过了游戏时间。经由这些唠叨、催促、责怪而感受到挫败的孩子很可能会充满无力感，外在表现可能是更加淘气、为所欲为，表现为推人一把、咬人一口、踢人一脚，也可能会因担心受到伤害、害怕被拒绝而扮演"乖孩子"。看来教育不是那么容易的事情呢！

(二)游戏帮儿童缓解负面情绪

游戏也能够满足儿童情绪情感方面的需求。游戏是联结关系的纽带。

一次绘画活动中，一个女孩把另一个小朋友的作品撕坏了，小朋友过来告状，但女孩却哭得泣不成声。是因为担心受到批评而泣吗？是因为破坏了小朋友的作品感到自责而泣吗？一般我们的解决方法就是让女孩向小朋友道歉，两个人表面和好如初就算解决了问题、化解了矛盾。

成人大都会把关注重点放在恼人的表面行为上，而看不到孩子内心深处被掩盖的痛苦和无奈，或者即使有的时候成人看到了孩子行为背后的痛苦，自己也无力帮孩子化解。此时游戏依然是一种好方式，我们完全可以通过游戏的方式帮孩子找到快乐的源泉。

在后来一次次的与女孩的接触过程中，我发现女孩每次都会故意破坏小朋友的作品。我也找到了背后的原因——她认为自己没有其他小朋友画得好，于是嫉妒心开始作怪。怎么办呢？

在以后的绘画活动中，我总是特意去关注女孩的作品，并适当地表扬她作品的细节，请她讲出自己的想法和故事。这时她总会偷偷窥探一下其他小朋友的作品，我也会顺着她的视线把其他小朋友的作品拿来，请对方也讲一讲。

一次，我邀请孩子们来到展示墙前，说："我们来到了一个大花园，请小朋友们将自己的作品贴上去，为大花园增添一抹色彩吧！"拼贴游戏结束后，我特意找到女孩的绘画作品，有意无意地小声自言自语："每幅画我都太喜欢了。少了哪幅绘画作品，都好像缺少了什么似的。"我欣赏着，并悄悄观察着女孩的表情，她发自内心地笑了。

自那以后，我发现绘画成为女孩最喜欢做的事情，再也没有了破坏作品的事情，她每次画完后还会和其他小朋友一起欣赏。

您瞧，这就是游戏的力量！简单的"花园"场景的创设，能快速地让孩子感受到自己就像花儿一样，每个人都有自己的美，不用去羡慕谁，更不用嫉妒和破坏。很多时候，我们不需要快速去解决什么，而是要慢下来倾听儿童；不需要所谓的巧智，而是要静下来关注儿童；不需要大量的囫囵吞枣，而是要一步一个脚印地扎实研究每一个细节。

(三)游戏中的儿童和教师

游戏中的教育智慧源自教师不断的学习和研究。怎么学习？怎么研究？有时候我觉得"幼儿的学习"和"教师的学习"这两者的关系饶有趣味，幼儿在游戏中学习，教师在什么中学习呢？在和幼儿一起游戏的过程中学习，在教研中学习。

1. 求慢而不是求快

勤劳智慧的幼教人永远保持着学习的态度，关注着新的动向。我们特别清楚，只有真正慢下来才会有深度的思考，才会有过程中细微的发现，乃至心灵的追问。

2. 求少而不是求多

只有求少才会有时间精准发力，才能够针对某一个问题进行深度的思考和研究，才可能使幼儿园形成发展特色。

3. 求难而不是求易

不是所有的苦难都有意义，但在学习中，只有勇于向艰难挑战的人，才有机会到达光辉的顶点。面对艰难，若想成功就需要付出时间、精力，就需要去琢磨探究，如此才能一步一步攻克难关。这时就产生了一个连锁反应：有遇到难关的愁眉不展，有发现一点点眉目的渴望和心动，有一步步求索的执着精神，有找到答案的快乐和幸福……这种幸福是无以言表的，只有经历过了才能够感受到。

4. 求拙而不是求巧

我们常听到"熟能生巧"，仿佛取"巧"是我们的某种追求，但很少了解

"大巧若拙"。我认为教育恰恰需要有"拙"的过程才会有"勤"的力量。

求拙能培养一个人的钻研精神和韧性,挑战能激发学习的内动力。就说我们幼儿园的"百人大战"活动吧,幼儿园的 100 多位教师全都参与了进来。我们针对幼儿园的 48 个主题课程中的几百个活动,请教师了解目标,发挥自己的优势,从儿童的视角出发,打破思维定式,以抢课的方式对活动进行重新设计和构思。同一个活动可能由几位教师分别设计,教案写好后,教师发送到群里,从而取长补短,不断优化活动设计。这样的教研方式可能时间长些、速度慢些,但这个过程切实让教师自己尝到了成长的甜头。

当我们每个教育人都理解了这个道理时,自然就会豁然开朗吧。在这个新事物层出不穷的世界里,我们需要保持教育的定力,坚持改革方向,真正为孩子提供适切的、有意义的教育。慢一点,少一点,难一点,拙一点,可能会发现别样的教育魅力。

我常对比新教师与我当时入职时的不同,发现他们个性十足、创意不断、追求新奇,更加注重个人价值感和归属感,愿意成为光芒四射的"小太阳"。这些都是时代赋予他们的特点。面对这样的变化,我们的园所管理也要随之改变。变"高要求、严管理"等一刀切的管理模式为"我愿意、我喜欢、我奉献"的以教师为主体的个性化、成长型管理模式,激励教师立足本职岗位并产生源源不断的动力,让教师的专业成长之路变得多彩缤纷、星光熠熠。

幼儿园管理层要以教师为本,关注他们的梦想、需要、兴趣、困惑,变管理者为服务者,变监督者为支持者,在思想上引领、业务上支持、生活中关心，为不同教师搭建成长的平台、提供适宜的支持。这样的园所才会让教师安心做教育、专心做教育，才能培养出德才兼备的卓越教师。

育人之路任重而道远，这里的"人"既指幼儿也指教师。在成长型管理模式下，唯有关注教师的真实需要，才能让他们在岗位上有幸福感、在事业上有成就感、在社会上有荣誉感。

第五章

——

滋养仁爱之心

　　仁爱，是支撑中华民族千百年来生生不息的价值基石，是中国人对待他人、对待外部世界的态度。教师群体唯有以仁爱之心涵育、润泽学生的心灵，才能培养出全面均衡、符合时代发展需要的一代新人。仁爱之心有"仁者爱人""仁民爱物""博爱之谓仁""民胞物与"的精神要素，更体现为一种教育方式和教育理念。

1

爱的教育从未改变

小班幼儿入园当日，我在门口值班。一位老师把手机递给我看，于是我读到了一个新入园幼儿的妈妈写给幼儿园的一封信，现在摘录下来：

> 我亲爱的儿子，今天他要上幼儿园了。他会感到新奇、有趣，但愿幼儿园能待他温柔一些。
>
> 他一直是家中的宠儿、爷爷奶奶心中的王者。之前，在他犯错时，我总能找到很多理由为他开脱；在他失望时，我总会说出安慰的话语慰藉他的心灵。
>
> 但是，现在不同了！
>
> 今天早上，他蹦蹦跳跳地下楼，和小区里所有的人都说了一遍，"我要上幼儿园了"。他即将开始他伟大的征程。其间，或许有打闹，

或许有委屈，或许有开心，他需要爱、勇气和信心。

我希望老师能时不时牵起他的小手，教授他应会之事；我希望他能安然午睡，有好梦相伴；我希望他能记得喝水，尽量不去医院；我希望他明日能奔向老师，不再留恋父母……

我真诚地期待，在以后的路上，幼儿园能给他带来最美好的回忆！

我让老师将这封信转发到群中，大家共享，感受家长对幼儿园的期待。如何才能让家长放心呢？我想最重要的是老师要有一颗仁爱之心。

丰台第一幼儿园始建于1960年，60多年来一直坚持"爱的教育"，在此文化的浸润下，爱已经不知不觉地成为我行动的底色。2019年，我很有幸获得了明远教育奖，与我一起获奖的有美国的霍华德·加德纳，他是多元智能理论的缔造者。能与他一起获得这个殊荣是我一辈子都为之自豪的事情。当然，为我领航的是顾明远先生，他给我的题词一直悬挂在幼儿园的多功能教室：没有爱就没有教育，没有兴趣就没有学习，教书育人在细微处，学生成长在活动中。

一、爱的故事

丰台第一幼儿园在建园60周年的时候，通过采访、口述的形式回顾历史，形成了一本书《红杉苗壮》，成为每一位新入职教师的必读书目。每当翻阅书中一个个满怀爱的故事时，我就会潸然泪下。

(一)擦鼻涕

1993 年，刚刚迈出校门的我来到了丰台第一幼儿园。工作不久后，我听到了这样一件事和这样一个名字。

幼儿园参加北京市一级一类幼儿园的验收，专家组在户外活动中看到了这样一幕：易明延老师带着小班孩子在操场上做游戏，一个孩子从她身边跑过，易老师不经意间发现孩子的鼻涕流了出来，于是来到孩子的身边蹲下来，掏出了口袋里的一块手绢。就在大家以为她会顺手给孩子擦一下时，易老师却笑着在孩子的眼前晃了晃手绢，孩子见此马上从衣服兜里掏出了叠得方方正正的小手绢。接着，易老师打开手绢，将手绢放在自己的鼻子上，两手向中间一捏，孩子也学着她的样子，擦了自己的鼻涕。最后，易老师才在孩子没擦干净的地方轻轻地擦了擦，说："好了，可以去玩了！"

其实，这样的一幕发生不是偶然，它正是幼儿园注重树立正确的教育理念，重视教师对孩子的爱的反映。这个故事也能够体现一直以来丰台第一幼儿园的老师都特别注重"能让孩子自己做的事情都让孩子自己去做"的理念。教师给予孩子成长的机会和空间，不包办代替、不压制约束，尊重孩子的点点滴滴，发现孩子的需要，给孩子适宜的支持，这些都在生活中自然地体现。

(二)送孩子去医院

1997 年 3 月 3 日是开学第一天。由于刚开学，工作较忙，一些孩子的情绪也不稳定，李凤英老师便同值班的保健医刘玉维老师一起住在了幼儿园值班室。正值深夜，急促的敲门声在寂静的夜里响起，被惊醒的李老师和刘老师急忙打开房门，见到邓老师抱着一名突发疾病的孩子，脸上写满了焦急。见此情景，刘老师说："李老师，你跟我去一趟医院吧?"李老师一边应着，一边迅速地穿好衣服。

当年汽车是稀罕物，找辆汽车送孩子去医院实属不容易，但是事不宜迟，一想到救孩子要紧，李老师骑上了幼儿园买菜的三轮车，便奋力向医院蹬去。到了医院，她早已汗流浃背。在医生的治疗下，孩子有所好转，李老师和刘老师对视了一下，两颗不安的心终于平复下来。

孩子的家长赶到医院后，看到孩子安稳熟睡的样子，感动得一直落泪。他们握着李老师和刘老师的手，不停地说"谢谢老师，谢谢老师"。

之后，李老师拖着疲惫的身体，骑上三轮车回到单位，开始了新的一天的工作。

两则小故事中流淌着浓浓的爱意。正是"幼吾幼，以及人之幼"的母亲角色和因材施教的教师角色，才让爱成为丰台第一幼儿园永恒的标签，也才让幼儿园在 20 世纪 80 年代的时候，就获得"爱孩子赛妈妈"先进集体荣誉。

二、爱的滋养

爱不会凭空产生，需要滋养和培育。只有有爱的管理者才能培养出有爱的教师，只有有爱的教师才会对孩子进行爱的教育。这是爱的涟漪，层层传递。

（一）我为老师来"征婚"

闲来无事和我园的老师们聊天，询问了她们的年龄，我被吓了一跳：在我印象里还是刚毕业的小姑娘，怎么突然间都这么大了呢？我就像父母关心自己的孩子一样，关心起她们的情感问题来。人生大事竟然还没进展？我不由得既诧异又心急。

每天早上都能看到一家人来园的快乐场景，每天下午也都能看到家长带孩子离园的温馨画面，怎么会没有寻找心仪的男孩子相伴一生的冲动呢？莫非，是我家的姑娘不够好，优秀的小伙子看不上？

自问，我家姑娘美不美丽？每日清晨，干净整洁的园服映衬着青春的笑脸，阳光洒在她们身上。每当见到孩子时，她们都会轻柔地将孩子拥入怀中，笑靥如花，这简直就是人世间最美丽的画面。所以，我家姑娘肯定美丽。

自问，我家姑娘温不温柔？"窈窕淑女，君子好逑。"无论是和小朋友互动，还是和家长沟通，老师们都能做到换位思考、推己及人。所以，我家姑娘肯定温柔。

自问，我家姑娘聪不聪慧？为方便开展活动，老师们录制了上百个视频，涉及亲子游戏、科学实验、故事诵读、手指游戏；为庆祝建党百年，她们跳了舞蹈《万疆》，获上万点赞量；冬季奥林匹克运动会期间的冬奥知识播报，吸引着成千上万的小朋友反复回看；她们设计的优质教育活动更是屡屡获奖。所以，我家姑娘肯定聪慧。

自问，我家姑娘自不自立？每一个幼儿园老师都是以一当十的"超人"，炒菜做饭、刷墙涂漆、修灯开锁、摘果种地都不在话下。所以，我家姑娘肯定自立。

············

说了这么多，好像不是在"自问"，而是在"自夸"。怎么把自家姑娘说得那么好呢？因为我打心眼里，确实觉得我的老师、我的姑娘们阳光、热情，每天都有满满的爱和正能量，都是百里挑一的。她们像所有的幼儿园老师一样，因为热爱幼教事业，所以心无旁骛，把爱和时间倾注到了幼儿园的孩子身上。那么，想当我家姑爷，需要什么条件呢？

2021 年，我园的两位老师要嫁人啦！因为家在外地，我们不能到场参加婚礼，便提前在幼儿园给两个姑娘举办了简单的婚礼。两个小伙子走进幼儿园的时候，我便十分欢喜，心里想着"丰台第一幼儿园的姑爷就是这样的"，文质彬彬，憨厚淳朴，脸上一直挂着笑意。再一想，凡是幼儿园教职工的家属，无论是快 60 岁的老大哥，还是 20 岁出头的新姑爷，都有共同的特质——"在朴实无华中彰显魅力"。每当单位有特殊的情况需要老师加班，家属们都会默默在大门外等候，但凡哪个老师喊一嗓子"干体力活了"，他们都会进来，搬重物、扛东西，毫无怨言。

所以，当我家姑爷的条件就是：有爱心，要爱我家姑娘、爱孩子、爱家庭、爱劳动，更要爱祖国。

我从不担心我可爱、优秀的姑娘们，因为她们自身已经足够优秀，所以心中才会有更多对美好的向往。每一位未成小家的老师都是我的牵挂。衷心祝愿她们被岁月温柔以待，愿她们永远幸福。

（二）爱需要仪式感

一日，与一名园长闲谈，她说她们幼儿园通过敬茶的仪式，开展了激励老师的活动，竟让老师感动地流下了眼泪。听她讲述的过程中我也泪光点点，被正式庄重的气氛冲击了内心。原来，仪式不仅仅是烦琐冗杂的流程，更是对生活的敬意和爱意，饱含着对美好生活的期待！

每周一上午十点，操场上会准时响起《运动员进行曲》，四位小小护旗手分别拉着国旗的一角，神情庄严地昂首阔步行进，精神抖擞！调皮的孩子也被音乐打动，齐拍手等待神圣的时刻。在国歌声中，五星红旗冉冉升起，孩子们行注目礼，那种神态着实让人感动！这是每周幼儿园的升旗仪式，开启时光流转的一周。毕业典礼、感恩会、运动会、新年联欢会等，能让孩子念念不忘的时刻，恰恰是仪式感满满的时刻。

仪式感涵盖着意义感、庄重感、重视感、紧张感等多种元素。仪式对于孩子、教师、家长都有着感染和教化的作用。

创新的仪式能够让每个人的心沉静下来、幸福起来，让我们有共同的话题和共同的追求。比如，七夕节，我们会组织老师送给另一半一束玫瑰花，象征着爱情的玫瑰能够给家庭带来无限的温暖；重阳节，我们会鼓励每一位教师写一封信给自己的长辈，并在长辈参加园所活动时送出……朱永新教授曾讲：仪式、节日和庆典……使有意义的事情或者伟大的事物能够拥有一种伟大的时刻，获得神圣、庄严与尊重。

　　注重仪式感的渲染和营造，把仪式感巧妙地用于幼儿园的管理中，能有效升华教育影响力，让人感动、充满激情，强烈的责任感和归属感也会油然而生。让心灵成长和生命绽放，爱自然就会被激发。

2

爱幼儿需要爱的能力

有一次开学典礼，我为自己该说些什么纠结了好长时间。因为我发现，自己准备的 10 分钟发言稿里真正能够与孩子产生心灵共鸣的内容寥寥无几！孩子也是我们的小小听众呀，可每次我好像并没有讲给孩子听。我随意摘录了之前发言稿中的一些内容：

> 幼儿时代是美好人生的开端。远大的理想在这里孕育，高尚的情操在这里萌生，良好的习惯在这里养成，生命的辉煌在这里奠基……最后祝小朋友们节日快乐。
>
> 亲爱的孩子们，今天是我们盼望已久的节日，是孩子们的盛大节日。在这个欢乐的节日里，我代表全体老师向小朋友们表示祝福！我们的幼儿园尊重儿童的身心发展特点，尊重儿童的人格，尊重教育规

> 律……孩子是祖国的未来、民族的希望，一个孩子成就一个家庭，千
> 万个孩子成为中华民族的明日脊梁……

多么漂亮的文字呀，但孩子能够听懂多少、理解多少呢？这样的发言
对孩子而言又有什么意义和价值呢？让孩子站在操场上会不会耽误孩子游
戏的时间呢？真是有些惭愧呢！什么是真正的尊重儿童呢？说一些孩子听
不懂的话，做一些孩子不理解的事情，让孩子陪着听、陪着看、陪着做，
开展所谓热热闹闹的活动，那是爱儿童吗？

开学典礼的当天非常有意思。当主持人老师让我上台讲话的时候，怎么
一下子找不到我了呢？原来我变成了"毛毛虫"在孩子们的队伍中穿梭着，没
有过多的话语，而是用游戏的形式与孩子们互动着，打破了原本整齐却沉闷
的仪式，现场瞬间热闹了起来。孩子们开心地笑着，我们的心好像一下子就
被拉近了。我想，笑声和笑脸背后体现的就是爱孩子的能力。

一、懂幼儿的心

在孩子的心里，什么是他们的宝贝呢？他们爱不释手的是什么呢？他
们会惦念什么呢？

巡班的时候，我发现了一件很有意思的事情。

快下午 1 点了，淘淘还是翻来覆去地睡不着，要是往常他早就进入梦
乡了。老师在班级里巡视着，淘淘闭着眼睛，但睫毛还在轻轻忽闪着，老
师蹲下来给淘淘盖被子，这时我看到淘淘与老师轻轻地说着什么。原来他

想去小便。

起床后淘淘却并不着急，而是慢腾腾地挪着自己的脚步，趁老师没注意，就悄悄走到活动室，从衣服兜里翻出一张小卡片拿在手里。我轻轻走近，他说这是今天户外活动时捡到的一张小卡片。原来孩子惦念着自己的小卡片，想确认它还有没有在自己的兜里。我仔细地看着这张不起眼的小卡片，从任何角度来说，我都不会把它当作珍宝。这就是我与孩子的差距，孩子会对生活中一切的事物感到新奇。

是啊，这张小卡片让我陷入了沉思。当我们没有走进儿童心灵世界的时候，怎么能与儿童玩在一起呢？怎么能爱儿童呢？我看向班级老师，老师一下子就理解了我的用意，轻声地与孩子交流："你是不是想给我讲一讲关于小卡片的故事呀？那就讲给我听吧。"孩子讲完后，老师与孩子商量，小卡片暂时由老师保管，老师会把它放在班级的宝贝盒子里。这是孩子们公认的宝贝盒子，大家会把认为是宝贝的东西放在里面。老师接纳和珍惜的样子，使孩子安然入睡。

这就是儿童啊，他们对生活中的一切事物都感兴趣，他们对大自然充满着想象力，随手捡起的一块小石头，揣在兜里的一片小树叶，自己制作的小戒指，喜欢的小发卡，花园里的小花猫……我经常被孩子们感动着。对他们来说，好奇心与探索精神是宝贵的财富。

二、会与幼儿交谈

语言沟通是我们最常与孩子做的事情，那要怎么说话才能让孩子想听、乐于听呢？

(一)会提问，激发幼儿去思考

咱们幼儿园的大鱼池里有多少条鱼呢？都是什么颜色的呢？

今天是开学的第一天，是几月几号呢？

为什么咱们幼儿园的东操场有一股臭臭的味道呢？如果你们找到了答案，千万要来告诉我哦。幼儿园里臭臭的味道会影响你们的心情吗？如果发现臭臭的东西还能吃，你们会不会觉得这是件很有意思的事情呢？你们知道什么臭臭的东西是可以吃的吗？

咱们幼儿园有几棵核桃树？都在哪里呢？你们知道核桃有什么营养价值吗？还有多少天核桃就会熟了呢？我们不妨数一数、记一记。

············

提问能够使对方的大脑转动，提问中渗透着人的教育观和游戏力。用以上提问方式引导儿童说一说自己在幼儿园里的发现、自己观察到的植物的变化等，是不是也是一种爱的能力的体现呢？

(二)用故事走进幼儿的世界

有一天，毛毛跑来把他心爱的"手表"送给我，还非要让我戴上。他用了很长时间才学会折纸手表，这也是他折的第一块手表，显得更加珍贵。

我开心地戴在手腕上。毛毛跟我讲，折纸手表是他的好朋友晴晴教给他的，他自己设计了一下，在表盘上画上了数字，因为他知道我每天都会看时间，会按照时间做计划，所以特意把这个纸手表送给我。我在这里要特别感谢他。

办公室的墙边有一个礼物收藏柜，我会把孩子们制作、设计并送给我的珍贵礼物留存下来，我还会逐个记录下礼物背后的小故事。毛毛还不认识字，但还是想看看我记录的有关他的小故事，想听一听我都写了什么。于是，我将自己记录的他赠予我"手表"的小故事读给他听。看到毛毛那愉悦的样子，我也陶醉其中。

(三)用与幼儿对话引领教师成长

幼儿园新添了毛毛虫玩具，这些天我悄悄地拍下了许多小朋友游戏时的照片。你们是怎么玩的？有什么好的玩法能够让毛毛虫走得又快又稳呢？

大(三)班的悠悠玩毛毛虫游戏时特别开心。我也参与了进去，他都成了我的小老师呢，教给了我很多办法。咱们要不要听听他的好办法呢？

看似是园长与儿童的对话过程，其实是发现儿童的过程，是对教师进行课程引领的过程，是与儿童互动的游戏过程。对话中有操作、对话中有互动、对话中有行动，涉及的都是孩子们感兴趣的事情，都是孩子们在游戏过程中发生的事情，都是教师可能并没有关注到的小事情。园长的捕捉能力体现在幼儿园的一点一滴之中。对话要贴近儿童的需要。对话也会自然地引领教师的发现和思辨。

三、支持幼儿的创意

20 多年来，幼儿园操场上的滑梯总是大班孩子玩耍时的首选。但是近两年选择玩滑梯的孩子好像越来越少。是玩具多了，大家不喜欢旧滑梯了吗？

带着疑惑，我们尝试倾听孩子们的声音：

"它要是像体能运动场里的滑梯一样该多好啊！"

"我上次在游乐场还玩了高空滑道呢，特别刺激！"

"还应该安上索道，那就好玩了。"

"如果这里有个坡能让我们跑上去就好了！"

"如果这里有一个小桥就有意思了！"

"要是能有一个长长的通道把我运到沙池该多好玩啊！"

孩子们的想法千奇百怪，真是令老师欣喜。让梦想成真，让创意落地，于是滑梯改造开始了。

改造的玩具是不是真正符合孩子的发展需求？我们组织了一次有意义的现场环境研究活动，把教研搬到了户外，同时也让大班孩子参与其中，跟环境进行了互动。

孩子们说："斜坡这么高能不能行？我们来试一试。"几个男孩子尝试着在斜坡上行走，刚走到坡中间就滑了下来。孩子们想了想说，"要是有根绳能拉着就好了",于是斜坡上多了一根绳子;"我还想跟他比赛呢,要是有两根绳就好了,我不能跟他拉同一根绳",于是斜坡上的绳子变成了两根。两个孩子拉着绳子上去了,成功后拍手击掌!

因为每个孩子都有自己的想法,孩子们便把自己的想法画了出来,我们只是帮助孩子们找来了木工师傅,对滑梯进行可行性改造。孩子们在这个过程中既做前期的设计师,又做改造过程中的规划师和监工监理。这个过程中有交流、有创造、有调整、有改进,一切都从他们的视角出发,孩子们就是改造滑梯的主人。例如,坡度是30度、40度还是60度,最高处离地面的距离应该是多少等具体的问题都由孩子们探讨并解答,孩子们通过自己的尝试体验,制定了有效的方案。

这就是环境改造的过程,是教师爱孩子的过程,更是尊重孩子创意的过程,也是让教师真正感动的过程。环境创设的过程遵循了《3—6岁儿童学习与发展指南》的基本原则,关注幼儿学习和发展的整体性,尊重幼儿发展的个体差异,理解幼儿的学习方式和特点,重视幼儿的学习品质。

谁是幼儿园环境的主人?这个答案每一个幼儿园老师都知晓,幼儿才是幼儿园环境的真正主人。只有学会感受幼儿的心灵,了解幼儿的想法,才能让幼儿成为环境的缔造者。当幼儿成为幼儿园环境主人的时候,当环境尊重幼儿的意愿的时候,当环境协助幼儿实现创意的时候,喜悦和惊叹才会随之而来,其实这就是真正爱幼儿的价值体现。正如南京师范大学虞永平教授强调的,要努力让幼儿的思想看得见,让幼儿的学习看得见,让幼儿的经验看得见，让幼儿的愿望看得见。[①]

四、爱就是陪伴成长

我已经是 50 多岁的老教师了，从来没有因孩子的哭声而烦恼过，没有因孩子的调皮捣蛋而生气过，没有因孩子的屎尿臭屁而嫌弃过，更没有因职业要求高、检查严、琐事多以及家人的唠叨而想过放弃；倒是会因孩子多照顾不过来而担心，因自己专业能力弱影响孩子的发展而焦虑，因身体不舒服请假了班中孩子无人照看而忐忑。

孩子不会用筷子、不会系鞋带，我会不厌其烦一遍一遍地鼓励其尝试，还会为他们设计有趣的小游戏，锻炼小手的灵活性。我鼓励他们战胜困难，在一次次挑战中增加勇气。当孩子露出灿烂的笑脸，当他们眼神中充满自信时，我都会激动不已、感同身受！这就是幼儿教师的魔法心经：看到孩子就会兴奋，看到孩子就会有力量，看到孩子就会双眼放光，因为内心有着满满的爱。

我们每天都在耐心倾听孩子的声音，能够分辨几十个孩子的声音，并敏锐判断出小举动背后的想法；我们喜欢孩子在身边撒娇的情景，任凭玩过泥巴的小脏手在干净的衣服上蹭来蹭去，从不会嫌弃流着鼻涕的宝贝扎向怀里！我们习惯了孩子叽叽喳喳的吵闹，如果鸦雀无声，我们就会马上警觉起来，生怕孩子身体有恙！叽叽喳喳、吵吵闹闹、喋喋不休，这是真

---

① 虞永平：《课程游戏化的意义和实施路径》，载《早期教育（教师版）》，2015(3)。

实的、生机勃勃的场景再现，蕴含着孩子的欢乐，是我们看到的、听到的、享受到的幸福片段。

我们总是能够发现孩子身上的闪光点，并能够虚心向他们学习！孩子的创新无处不在，会激发成人的很多灵感。他们的观察力十分敏锐，教师的腰疼了、眼睛红了，他们总会第一时间跑来给教师揉一揉、吹一吹，嘘寒问暖，或者端来一杯水。他们会和小昆虫玩得乐此不疲，充满好奇。他们热爱生活，有旺盛的生命力！

难道我们不应该向他们学习吗？这就是我喜欢、热爱这份事业的原因！很多人问我：你把幼教当作什么？我想：如果把幼教当作职业，你会发现取悦自己很难，做到称职就不错了；如果把幼教当作事业，你就能感受到孩子的感受，工作会做到优秀；如果把幼教当作生命的一部分，你每天都会沉浸在爱河中，自然会与孩子一同绽放精彩！你是陪伴他们成长的伙伴！

我常告诉自己，与孩子在一起的每一天都是快乐幸福的！因为，寻常的每一件事情都是值得我回味的"哇时刻"，一串串的"哇时刻"组成生命中的流光溢彩！我的幼教同人们，你们能感受到我对孩子的喜欢吗？我相信，这是幼儿教师的事业之魂！

3

爱在家园共育时

2021 年 10 月 23 日，中华人民共和国主席习近平签署了第九十八号主席令，公布了《中华人民共和国家庭教育促进法》，自 2022 年 1 月 1 日起施行。我国首次以立法的形式确定了家庭教育的内容和方法。《中华人民共和国家庭教育促进法》把家庭教育上升到法的层面，更加明确了家长在家庭中应该承担的教育责任，传达着国家引导教育向更好的方向发展的决心。

教师作为家园共育的合作者，要认识到孩子来自不同的家庭，有着不同的教育和生活背景，要对每个孩子的家庭表示尊重和接纳。每个家庭在教育孩子方面的需求不同，教师要利用多种形式和方法加以了解，并提供有针对性的帮助和指导。通过环境来培养儿童的学习能力、丰富儿童的幸福感受，教师要与家庭和儿童一起，在这样的环境中反思教育的过程。

一、家园共识以"爱幼儿"为前提

我在幼儿园里传递着"人人都是教育者"的观点，家长、教师人人争做幼儿的榜样。注重对孩子的接纳，这里强调的接纳是无条件的，无条件接纳意味着向孩子表达全部的爱，让他们懂得不论他们的行为如何，不论他们犯了多大的错误、经历了怎样的失败，我们的爱永不会消失。因为只有接纳，孩子才能够真正敞开心扉，从而培养起安全感和自我价值感，获得自尊、自信和自重。

（一）幼儿用捐款吗？

我一直反对组织幼儿园的孩子进行捐款活动，因为 6 岁前孩子对"捐款"的理解仅限于拿着父母的钱投放进红色箱子里。这是大人对孩子进行爱心教育的一种方式。至于孩子能理解多少，却很少有人研究。活动的出发点是捐出自己的"爱"给别人，但"爱"包含的内容很广，可以是钱、衣服、玩具，也可以是行为、话语等。仅仅局限在"钱"上，我总觉得这与学前教育的本质相差甚远。

一次儿童参与的捐款活动让我的想法有了改变。大班有一个孩子叫豆豆，孩子的妈妈得了重病。每次在大门口看见衣服脏兮兮的豆豆和一蹶不振的爸爸，我内心都会隐隐作痛。幼儿园已经悄悄地组织了教师的捐款活动。班级老师告诉我，班里其他家长知道后也自发地进行了捐款活动，孩子们明白豆豆妈妈生病了，每日离园时都会邀请豆豆去自己家玩耍，周末班里其他家长还会带豆豆参加家庭聚会，以减轻豆豆爸爸的压力。老师和我商议，能不能组织幼儿园其他班级的孩子和家长给豆豆妈妈捐款？我没有答应组织大型的活动。

一日，豆豆所在班级的孩子们在离园的时候，站在幼儿园大门口主动向其他班级的家长讲述了豆豆妈妈的病情，有的孩子说着说着就哭了。很多父母长辈不忍心让孩子再说下去，直接拿出钱放进捐款箱。班里老师告诉我这是自发的行为，是孩子们自己商讨的结果，老师也就没有阻拦。

这次捐款活动给我的触动很大，因为需要帮助的人就在孩子们身边，他们愿意努力为同伴分担忧愁。孩子们付出的爱心能够被看见、被理解、被他人感受到，同样他们从捐款活动中收获的"爱"对孩子们以后的成长也是有益的。几年后，我还听说，因为豆豆，大家彼此还都联系着，每学期这个班级的孩子和家长还会相约聚会一次。

总之，捐款这种活动，没有对错，关键在于活动的出发点是否包含着充满正能量的教育价值和意义，活动能否使孩子们有心灵的触动和感悟，而不会流于形式。这需要有优秀的教师的引导、有理解活动意义的家长的支持、有可爱的孩子们的执着，从而让爱触动每个人的心灵。

(二)幼儿园男教师之难

新学期开学一周后，一个男教师和一个女教师因为工作的需要进行岗位互换，女教师到小班当配班老师，男教师则来到中班当配班老师。本来更换教师是一件很平常的事，却引来了不小的轰动。

不少家长质疑道："为什么要换男教师？""他能照顾好孩子吗？""我家

可是女孩子，这样不方便吧？""莫不是在其他幼儿园犯什么错误了吧？"大家站在自己的视角上猜测着……

　　幼儿园向家长讲明了教师调整的原因。其实，幼儿园准备开设足球课，我们考虑到中班孩子相对于小班孩子来讲更适宜参加足球运动，因此请男教师来接受这项任务。但是个别家长仍然没有打消疑虑。

　　为了圆满解决这个问题，我们紧急召开了班子会，大家畅所欲言，从理解家长、尊重教师、培养干部的视角分析问题、解决问题。第一，出现这样的现象说明虽然平时我们努力做了那么多的工作，但家长并没有了解到，说明家园共育工作离预期还有差距。第二，家园之间的信任是建立在了解和理解的基础上的，虽然家长乐意选择我们的幼儿园，但家园之间还没有建立充分信任的关系。第三，既然我们的管理思想是"人人都是教育者，人人都是管理者"，那么就应该让家长也参与到幼儿园的管理中，将心中疑虑化解开来。

　　于是，我们抱着真诚的态度，召开了两次家长会，第一次是个别家长会，第二次是全体家长会，对家长关心、顾虑的问题都一一做了解答。通过这样互动式的家园交流的机会，幼儿园既促进了家长的理解，又在回顾分析中进一步细化了男教师的管理制度。听到家长的建议对我们来讲未尝不是一件有意义的好事，作为教育共同体，我们共同的追求就是教育好每一个孩子。

　　接下来我们问了班级里的孩子对男教师的看法，请家长听一听来自孩子真实的声音。"他踢球的时候特别帅，我最喜欢他啦！""他跳得最高，跑得最快。""他可以和我们玩举高高的游戏！""他拍球拍得最多啦！我长大后也要像他一样棒!"……然后，我们又请男教师与家长见面，做出身为一名教师的庄严承诺。

经历这样一番周折，更换男教师的风波暂时平静下来。男教师何去何从？漫漫长路，任重道远。

这件事后，我进行了反思。

第一，感同身受，理解家长对男教师的顾虑。

在与家长进行单独沟通的过程中，我们对家长的担忧是表示理解的：男教师不如女教师耐心细致，在照顾女孩上也会有不适宜现象，尤其是幼儿园生活中有许多类似上厕所、穿脱衣服、午睡等环节，会涉及个人隐私，如果有男教师在场，会让人接受起来有点为难；女教师和孩子们的肢体接触，如拥抱、抚摸等会让人感到温暖舒服，感受到美好，但因媒体报道中有个别男教师心术不正，家长担心男教师的肢体接触会对女孩造成伤害……简言之，家长对男教师教育和照顾女孩的方式表现出较多担心。我们真诚地请家长把各种令人担心的事情讲出来，认真倾听，表示理解并徐徐解释。

第二，通过事无巨细的管理，建立家长对男教师的信任。

每一位幼儿教师入职前，都会经历见习期、实习期和考核期，都是抱着为每一个孩子负责的使命担当，抱着爱孩子的教育情怀，抱着为每个孩子最好的发展而做最好的自己的精神来做幼教的。针对男教师的幼儿园职前考核会更加严格，除了专业能力、专业态度、专业水平的考核外，还要对其性格、素养、品行、语气、语态等方面进行考核；除此之外，还要进行家访来了解男教师的家庭情况，并与男教师毕业学校的老师进行面谈等。能踏进幼儿园大门成为真正的男教师确实不易。进园后，针对男教师，相信每一所幼儿园都有相应的特殊制度，规定着男教师的言谈举止，如当女孩在洗手间时不得进入，只能和孩子的肩膀、手臂接触，不得帮女孩穿脱内衣等，幼儿园也会时刻监督制度的落实情况。

换个角度来看，大家其实是对幼儿教师有误解，认为生活照料才是幼儿教师应该做的事情，没有什么专业性可言。这说明，幼儿教师的专业发展还有很漫长的路要走。

第三，从爱孩子出发，与家长建立教育共同体。

有男教师会面临很多不方便和可能出现的问题，为什么幼儿园还必须有男教师呢？男教师在幼儿园的价值体现在哪里呢？到底是利大于弊，还是弊大于利呢？

幼儿园里女教师居多，对孩子照顾到位、细致，毋庸置疑，这是刚刚入园的孩子需要的。但是孩子成长不仅需要照顾，更需要探究、尝试、体验、学习，需要接触多元的人和事。男教师带来的不同性别的思维差异会让孩子习得更多思考问题的方式、解决问题的途径。例如，在自行车区探索时，女教师擅长指导孩子在废旧的自行车上涂涂画画等；男教师则不同，会带着孩子拆卸、组装、打气、修补等。在足球、篮球等竞技型体育运动中，男教师在操场上的英姿飒爽会博得孩子的喝彩声，这能直观地让孩子感受到蓬勃向上的运动能量，坚强、勇敢、不服输、不怕困难、敢于挑战等品格也隐含其中，孩子都会潜移默化地习得。

虽然社会上一些不良问题和现象应该引起家长的重视，但我们不能一刀切地禁止幼儿园有男教师，反而应该利用男教师的优势对孩子进行有效适宜的教育。因为我们的孩子步入小学、中学、大学，步入社会，都会接触男教师和男同事，我想，恰恰要利用这样的教育契机对孩子进行教育才更加可取。与其讳疾忌医，不如未雨绸缪。从幼儿园开始就让孩子学会如何和男教师相处，正确看待和认识男教师，懂得和男性接触的时候采取适宜的方式，学会保护自己……相信这也是孩子成长中的收获。

从爱孩子的角度出发，我们分析了男教师在教育中的作用，呼吁家长一起，用进步的眼光给予接纳、支持，用进步的态度和孩子讨论、分析，让所有关心孩子的成人都能理智而智慧地看待问题、分析问题、解决问题，给孩子创造更好的教育环境。

(三)教育孩子的智慧

经常有家长与我聊孩子的事。有的家长说起孩子就很苦恼，想不明白孩子为什么那么"难管"，有的家长则表示和孩子相处得非常愉快。

这是为什么?

第一位妈妈的故事。有一位妈妈向我抱怨，说孩子每天早晨都磨磨蹭蹭的，穿衣服特别慢，本来自己就着急上班，但孩子就是不着急。有的时候明明已经穿好了，孩子非要脱下来重新穿，反复折腾好几遍，真不知道孩子是怎么想的，特别气人。

我问："您是用什么办法解决这个问题的呢?"

"唉，哪里有什么办法呢! 时间紧，我只能帮助他穿好，他要是将衣服脱下来，我有时生气了还会吼他。每天穿衣服都好像是一场战争，连批评带吓唬的，都不管用。为了这件事，我每天都要早起床半小时。"

"那管用吗？"

"效果甚微，孩子照样边穿边玩，好像没有听到我的吼叫一样，还更加疏离我了。他奶奶不让我着急，告诉我孩子长大后自然就好了。现在我也不跟他较劲了，就这样吧。"这位妈妈又自言自语道，"培养孩子的良好习惯真是太难了。"

我追问："您分析过孩子穿衣服慢的原因吗？"

她满不在乎地讲："就是慢啊。"她好像担心我没有听懂一样，又强调孩子干什么事情都是慢吞吞的，一点儿没随她的急脾气。

听到这里，我忍不住问了一连串问题："孩子会穿衣服吗？衣服是谁帮助选择的呢？衣服是孩子自己喜欢的吗？每天穿的衣服有什么不同？孩子每天会挑战什么新的技能？有带子母扣的衣服吗？有带扣眼的吗？有系带子的吗？有衣服搭配的游戏吗？穿好衣服后要做什么事情呢？……"她惊掉了下巴，穿个衣服还有这么多讲究吗？简直不敢相信。

第二位妈妈的故事。曾经有一位妈妈自豪地告诉我她的孩子很听话，只要讲明道理，孩子就会支持她。我问："您采取了什么方式呢？"

"好像也没什么特别的，就是陪着孩子玩儿。有的时候也会觉得没有意思，而且总觉得自己傻乎乎的。"她笑了笑，继续说，"但坚持下来发现自己和孩子都一样快乐，孩子因为感觉我是他的游戏伙伴，所以平常当我有需求时也能够配合我。"

我问："都配合您什么了呢？"

"比如，我说累了，不想玩水枪大战，能不能看看书，他会很爽快地答应，乖乖地和我一起看书。当然他看书的时候会边看边叨唠，我也会边看边读出声音来，读书也让我和孩子之间变得越来越默契了。还有，我说今天的袜子可不可以让他来帮助我洗，孩子也能够很开心地接受……"她一脸幸福地回忆着，始终带着微笑与我讲述。

发现不同了吗？

其实当我们把这两个故事放在一起对比时，答案就不言自明了。第一个故事里，可能刚开始孩子慢是因为穿衣技能不熟练，然后家长唠叨的语言和生气的状态让孩子心里有了压力，但我们往往只是从表面看到孩子的磨蹭，想培养孩子干脆麻利的做事风格，便不由自主地用监督、发牢骚、指责的方式，以让孩子达到我们的要求，却没有给孩子提供有效的支架，于是事情并没有好转，家长慢慢地就在心里认同了"这个孩子就是有磨磨蹭蹭的习惯"，或者半妥协半放弃地认为"长大后就好了"……这才是最可怕的！有些问题不是时间能够解决的，有些情况也不是长大后就会好的。

那应该怎样引导孩子，让他赶快把衣服穿好呢？

我想可以像第二位妈妈一样，用游戏的方式。因为孩子的心事不会完全表达给成人听，但他们一定会用种种方式表现给我们看。只要我们细心观察，站在儿童的角度，就能发现他们在用行动向我们述说着心中的喜悦、好奇与疑虑。其实在孩子看来，穿衣服的时间就是他自己的游戏时间，而成人只是为了争分夺秒地穿上衣服，这样成人与孩子就没有在一个频道上。游戏是孩子的语言，成人只有使用孩子的语言，孩子才能够懂得，成人也只有"听"懂孩子的声音，才能有效地传达自身的期盼。

爱孩子真的需要能力哦。具体而言，成人可以参考如下策略。

第一，收起自己喋喋不休的说教和要求，因为摆逻辑、讲道理甚至亲自上手对孩子进行"行为矫正"，对沉浸在自己游戏中的孩子是没有什么用处的。

第二，听听孩子的想法和愿望。比如，在穿衣服这件事情上，孩子是怎么想的？他需要穿什么样的衣服？他想怎样搭配衣服？

第三，可以选择与孩子穿同样类别的衣服（如都是系扣子的、都是套头的等），让孩子能够看得到。这是一种有益的强化，也方便与孩子共同游戏。

第四，做好每周每天穿什么衣服的计划表。可以请孩子自己进行服装搭配，计划一下穿每套衣服的时间，用绘画或者拍照的方式记录。还可以把服装与节日、纪念日有机结合，在周末等时间允许的情况下进行家庭服装秀等展示活动。

不论具体采用什么方法，成人一定要成为孩子的玩伴，参与到孩子的游戏中。过程中成人当然可以帮助孩子出主意、想办法，但我们要时刻明白，自己是孩子游戏中的一个角色，不是"指手画脚"的局外人。这样孩子就会自然听从家长的建议，相信以这样的方式进行一段时间，孩子穿衣磨蹭的问题就会迎刃而解了。而且在这样的游戏活动中，孩子有了时间观念，知道了一个星期有七天，具备了服装搭配能力和审美能力，学习了商讨和挑战，孩子的计划性、规则意识等品质和能力自然就在游戏中习得了，亲子关系也会在不知不觉中融洽起来。

很多时候，成人因工作生活的压力而感到疲惫不堪，失去了与孩子一起游戏的耐心，常以"太忙""太累"来推托与孩子一起游戏，或一旦孩子不能按照成人的预想行动，成人就会气恼。但其实，爱是情感，游戏是爱的能力的体现。

我和孩子们在一起时也是一个"傻乎乎"的人，但我特别珍惜这样的时光。幼儿园里有个男孩子，为了在小朋友面前表现自己是大力士，经常会与小朋友摔跤，这样总是会不小心撞到其他的小朋友。所以我就与他达成了约定："想验证自己是不是大力士的时候就找我呀。"孩子刚开始觉得我是大人，不乐意与我玩儿，但在一次体验中我故意输给了他。在我夸张地连滚带爬的过程中，他感觉到了我的亲近，便和我成了要好的朋友。我着实感到与孩子在一起真是幸福的事情。

其实有时候我也会感觉不好意思，尤其是自己扮成小孩子的时候，我还要奶声奶气地喊别的孩子"爸爸妈妈"。但只要我们身临其境地与孩子游戏，就会清晰地知道，这才是幼儿时期家长应该有的样子，这恰恰是我们爱孩子的最好方式。孩子的问题在游戏中自然得到解决，教育就体现在这不知不觉之中。

二、家园共育以"尊重规律"为理念

大班刚召开完有关幼小衔接的家长会，几个家长就在楼道里大声地议论着，声音听上去还有些激动。我没有急着走上前，只是在旁边听着，想了解一下家长的真实想法与困惑。

"我邻居现在后悔极了！他家孩子上幼儿园的时候没有提前补习，现在上小学后学不会汉语拼音，急得掉眼泪。"

"幼儿园老师讲的我都认同，但现实情况是不可能像老师讲的那样只关注孩子能力的发展，不关注知识的习得！"

"老师还找来一个现在上二年级的学生'现身说法'。看来幼儿园为打消我们家长的顾虑真是想了不少的办法。但这个小学生学习成绩那么好，真没有上过学前班吗？我表示怀疑。"

"人家孩子聪明呗！有的孩子就是学习的料。"

…………

为什么我们绞尽脑汁做了那么多家长工作，自认为对孩子的教育付出了那么多的时间和精力，家长却还有这么多的顾虑、不理解和不满意呢？这不禁引起了我对幼小衔接问题的思考。

我们经常讲的衔接是不是只是成人焦虑的过度放大？如果孩子从小班开始就逐渐培养能力，那么到了大班还需要考虑衔接吗？对于孩子来讲，是不是从出生起，能力的衔接就已经开始了呢？我们做幼儿教育是不是最终要消灭幼小衔接？我认为，教育是一个整体，不需要衔接。

(一)走过场的幼小衔接不能解决孩子的难题

许多家长在孩子上大班时才开始特别重视幼小衔接的事情，但我发现家长的重视大多集中在知识习得上，让孩子把有限的时间用在学习汉语拼音等知识上，减少甚至停止了孩子活动和游戏的时间，还把生活中本该让孩子自己完成的任务都包办代替了。

许多幼儿园的幼小衔接主题活动内容被安排得满满的，参观小学、收拾小书包、课间10分钟可以做什么、认识文具等。但是这些表象化的内容能够帮助孩子们在升入小学后解决真正面临的重点问题和难点问题吗？

这些内容被安排成一次次的教育活动，但是短短的二三十分钟，真的能够让孩子们在能力上有质的飞跃吗？答案显然不是。这样的活动是在走衔接教育的过场。

众所周知，能力的提升绝非一日之功，孩子的自理能力、倾听能力、交往能力、解决问题能力、自我控制能力、规则意识等，这些支持孩子在小学生活学习的核心能力的形成需要一个长期的过程。因此，幼小衔接应该站在培养一个独立的人的长远角度，有目的、有计划地逐步实施。以孩子为中心是关键，我们应站在孩子的立场，以孩子的需求为基础，反对填鸭式的大班突击式衔接，强调使孩子获得可持续发展的衔接，根据不同孩子的需求和特点，为孩子量身制订一个适宜的衔接计划。

(二)基于儿童终身发展确定衔接计划

到底该制订什么样的衔接计划呢？我们不妨从儿童的年龄特点和成长发展的规律入手。例如，当孩子还没入幼儿园时，家长可以做什么呢？引导孩子做力所能及的事，告诉孩子不怕挫折和困难、有积极乐观的心态、懂礼貌守礼仪……这些方面的培养都可以从家庭开始。各种习惯、能力的培养应渗透在儿童从小班到大班生活的方方面面。成人应在每一天的生活中细心引导、精心计划，让孩子的情感、认知、习惯与能力在日积月累、循序渐进中自然形成。相信优秀的儿童进入什么样的新环境都可以轻松应对。

我们必须转变思考的重点，将幼小衔接的重点放在全人教育上，放在影响儿童一生成长的能力的发展上。这就需要关注以下几点。

第一，衔接要尊重儿童的年龄特点。儿童在不同年龄阶段具有属于这个阶段独特的兴趣爱好、年龄特点、思维方式和学习特点。这符合人成长的自然规律。成人需要做的就是在孩子适当的年龄，为他们创造适宜生活、成长的环境，引导他们做自己能做的、学习他们能懂的、探究他们喜欢的。

揠苗助长或开展违背孩子的兴趣和意愿的活动，既是对孩子成长权利的剥夺，更是对他们身心的摧残。《3—6岁儿童学习与发展指南》和《幼儿园工作规程》是我们最好的依据。在不同的年龄阶段，成人应针对不同的目标开展有益的活动，让幼小衔接的过程成为孩子们长大过程中一段自然的旅程。

第二，衔接要从儿童良好习惯的养成做起。良好的生活习惯、礼仪习惯、学习习惯、思维习惯……这些是一个人适应新环境、一生顺利发展的基础与保证。在幼儿园阶段，让孩子学会自己的事情自己做，自己吃饭、自己穿衣、渴了知道喝水、不舒服了要说出来……这些看似简单的生活技能，哪一个不是维系人一生健康的保障呢？对人谦虚有礼，做事有始有终……这些都是儿童今后走向社会，学习交往的必要条件。因此，小小的幼儿园就是孩子养成好习惯的摇篮，这些好习惯将会帮助孩子顺利走进小学、走进社会，受益终身。

第三，衔接要尊重每个儿童发展的需求。每一个孩子都是与众不同的个体，他们的兴趣爱好、个性品质、能力水平都存在着个体差异。因此，幼小衔接不应成为整齐划一的"百米冲刺"，而应成为孩子出生之后就开始的"长跑"，我们就是在途中提供支持和引导的后勤保障者。只有尊重个体差异，发现每个孩子不同的兴趣和需要，才能让每一个孩子顺利地在自己的跑道上奔跑。幼小衔接也需要私人定制。

第四,衔接是与儿童心灵的衔接。兴趣是最好的老师,态度决定一切。在孩子人生的路口,我们一定要倾听孩子的声音,了解他们的喜怒哀乐。只有消除了对前方的恐惧和顾虑,带着阳光、自信和憧憬,才能迈开大步走向明天。

第五,衔接要注重儿童的学习品质。"授人以鱼,不如授人以渔",学习知识和学习品质的关系就像鱼与渔。试问成人,如果儿时可以选择,你们是要满满的一船鱼,还是要捕鱼的本领呢?在幼小衔接的问题上亦是如此。从小培养孩子形成良好的学习品质,那么,获取知识对于孩子来说犹如探囊取物一般简单,这样的道理不值得我们成人去思考吗?

其实,幼小衔接只是孩子人生中一个小小的台阶,一个普通的路口,一个必须经历的过程。一个身体健康、心智健全的人遇到它不会如临大敌。但是,如果我们培养的方向错了、着眼的角度错了,那么一个天资优渥的孩子也会因我们的失误而成长失衡。幼小衔接不是简单地衔接知识和技能,而是储备适应新环境、应对新挑战的勇气和能力。这种勇气和能力的获得绝不是一蹴而就的,它像习惯的培养一样,是一个长期、系统的发展过程,是在一个人的成长过程中逐渐积蓄的。只有幼儿园、家庭、社会达成共识,才能使儿童顺利衔接、自由衔接、从容衔接、快乐衔接,最终消灭衔接。

三、家园牵心以"信任"为基础

不久前,一位小班孩子的妈妈向我投诉班级老师,投诉的证据是孩子回家后与妈妈的谈话视频。实况如下。

> 妈妈问道：为什么不想去幼儿园？
>
> 孩子嘟囔道：我不舒服，老师就朝我大声嚷嚷。
>
> 妈妈追问：老师哪天朝你大声嚷嚷了？是昨天还是今天？
>
> 孩子心不在焉地说：昨天。
>
> 妈妈不放弃：你是不是被老师罚站了？
>
> 孩子撇撇嘴：是。
>
> 妈妈生气地问：你是与别的小朋友说话，惹老师生气了才被罚站的吗？
>
> 孩子摸着脑袋，嘀咕说：是。
>
> 妈妈声音大了些：你是在哪里被罚站的？
>
> 孩子用手指了指：椅子上。
>
> 妈妈又问：被罚站了你怎么不与妈妈说呢？是不是老师不让你说？
>
> 孩子：是。
>
> 妈妈温和地说道：你是不是害怕老师？
>
> 孩子面无表情地说：是，害怕！
>
> ┄┄┄┄┄┄

这位妈妈把视频发给了我，还没等我调查完这件事，就迫不及待地给我打来电话，怒气冲冲地向我诉说："我家老大肯定是因为被老师罚站所以才生病了，闹得家里四个月大的妹妹也被传染了。"站在妈妈的角度我特别理解她的心情，但这位妈妈已经听不进去我的分析意见，要求必须查看近三天的监控录像，以证实她的猜测。

我本着息事宁人的态度，请派出所民警和幼儿园管理者一起观看了记录整整三天幼儿园一日生活的视频。妈妈在观看的过程中，激动的情绪慢慢缓和下来，因为视频里呈现的都是教师细心照顾孩子的情景。

其实，在陪同观看的过程中，我一直想掉眼泪，幼儿教师的一日工作岂止是"辛苦"二字能形容的啊！早晨来园时，孩子情绪低落，可能发现他不像原来一样活蹦乱跳，班级老师多次俯身抚摸孩子的额头；室内活动中，老师蹲下来给每个孩子整理衣服；晚餐时，又引导不爱吃胡萝卜的孩子进餐……蹲起无数次、班里各个角落不知走了多少次，只要有孩子游戏的地方就有老师的身影。

我知道也很理解孩子生病是让人心烦意乱的事情，但是不可否认，生病是由抵抗力差等多种原因引起的，也有可能与幼儿园的生活护理不当有关。然而家长唯一坚信的事情是：孩子不想来幼儿园、孩子生病都是教师的责任。因为孩子是不会撒谎的，会如实反映事情经过。

为什么面对一些事情家长会大动干戈呢？我认为有以下几个原因。

第一，家园之间缺乏信任。不知道从什么时候起，幼儿园与家长之间的信任遭遇滑铁卢。是从一次对虐童事件的报道开始的，还是从一句冰冷刺骨的话语开始的？为什么极个别的事件能够主导家长的认识和思维呢？

心理学家麦基在研究了很多人的经历后，在《可怕的错觉》一书中提出：你看到的只是你想看到的。当一个人内心充满某种情绪时，行为表现就会带上强烈的个人偏好，并在现实中不断寻找材料来印证，最终形成一种"真是如此"的心理定式。

无论如何，我还是相信幼教人和每个家庭是心心相连的，共同的愿望是培养优秀的孩子。但是，缺乏了彼此的信任怎么能交心？怎么能拥有真挚的教育？怎么能彼此真诚地配合，共同担负起教育幼儿的任务？教师又怎么能放松心情去爱每一个幼儿呢？

第二，家长的沟通方式不当。分析妈妈的提问，便会发现诱导性语言的存在。案例中的妈妈在家中很强势，孩子从小便养成了看妈妈脸色的习惯，一切都会顺从妈妈的旨意。孩子不舒服感冒了，当妈妈进行诱导性提问时，孩子便会照着妈妈的心愿给出答案。其实，孩子不乐意来幼儿园也是有多种原因的：是不是这段时间家人只关注妹妹而冷落他了？孩子是不是想引起妈妈的注意呢？是不是今天家里有什么东西吸引着孩子？

如果孩子有撒谎现象，家长就需要反思自己曾经面对孩子时是否有过过激反应。家长盲目的"圈套性"的质问，把孩子往圈套里引导，这些会悄悄地影响孩子的判断力和价值观的形成，当他以后犯下错误时，也会逃避自己的责任，从别人身上找原因。

第三，对孩子的年龄特点、心理特点、思维特点等不了解。学前教育工作者都知道孩子常把假想当现实，他们常设定自己处于游戏情境中、虚拟情境中。如果家长每天总是变换着方式质问孩子，孩子经反复想象在头脑中留下了深刻的印象，就会把想象中的事情当作已经发生的事情述说。

孩子是天真无邪的，我经常与老师说，做幼儿教师很辛苦，但有了向儿童学习的机会，所以要学会珍惜。家长也是如此。为此，我们应从以下几方面努力。

(一)家长应懂得自身的言行具有示范性

第一，家长的言行影响孩子看问题的角度。

举例来说，在晨间来园的时候，我看到两个孩子先后因为跑得快不小心摔倒。其中一位妈妈赶快扶起孩子着急地问道，"宝贝，疼吗?"，然后安慰孩子摔一跤没关系，正好和土地爷爷亲密拥抱了一下；另一位妈妈也很着急，却责备孩子道，"让你别跑非要跑，你看，摔倒了吧，疼了吧，不听妈妈的话就会受教训的"。

分析一下两位妈妈的话语，一位采用的是关切、积极乐观地解决问题的方式，另一位采取的是谴责、抱怨、灌输、教训的方式。如此，两个孩子在幼儿园或园外遇到需要自己处理问题的时候，通常行为反应也是不一样的。面对同伴摔倒的情况，第一个孩子可能会把妈妈处理问题的方式迁移过来，那么被帮助的同伴会感激这个孩子；如果第二个孩子也把妈妈处理问题的方式模仿过来，那么结果则会适得其反，影响同伴关系。

第二，家长的言行影响孩子亲社会行为的发展。

亲社会行为是指那些能使他人获益的行为，包括助人、分享、安慰、捐赠和合作等行为。亲社会行为不仅能够促进个体适应社会，对整个社会的发展也具有重要的现实意义。对孩子来讲，亲社会行为的发展直接影响着他与别人相处的愉快程度。

成成在语言、逻辑思维、音乐、美术等方面都发展得很好，但是班中很少有孩子喜欢他，甚至排队时都会躲避他，因为他总是"严于律人，宽于待己"。比如进餐时，会不断提醒旁边小朋友不要碰到他，但是自己吃饭时动作却很大，影响旁边的人；又如他当小值日生的时候，对掉在地上的米粒十分在意，要求掉米粒的小朋友必须捡起来，但是别人请他捡的时候他却推三阻四，不愿意捡。

一次开家长会，成成妈妈来了，别人已经落座，成成妈妈嘟囔着年轻的家长不懂事，不懂得关心前来的祖辈家长，鼓励年轻的家长坐在硬的小椅子上，把软的大椅子让给祖辈家长坐。等大家相互让座之后，成成妈妈却直接坐在了中间最软的大椅子上。其实，成成妈妈可能不明白，孩子已经在潜移默化中将这类行为印刻了下来。

第三，家长的言行影响孩子的价值观。

当孩子之间发生矛盾时，尤其是争抢东西导致伤害时，有的妈妈会教育孩子："打他，出事了妈妈给他看病，别怕!"孩子早晨来园时，有的爸爸会叮嘱道："今天吃虾，可劲儿吃，咱可要赚回来!"这些话语背后隐藏的价值观对孩子的影响很大，孩子一生都可能会受其影响。

(二)幼儿园应坚决对负面影响说"不"

如何通过幼儿园教育，预防和阻止消极影响的传递？我们认为如下措施可以采用。

第一，创建温馨的幼儿园之家。这是幼儿园教育中老生常谈的一句话，为什么还要拿出来说呢？想一想，什么是原生家庭？就是孩子一出生就存在的家庭，孩子没有自由选择的权利。孩子进入幼儿园之后，会有一个"新的家庭"，那就是由伙伴和老师组成的班级，孩子在一周五天的工作时间里都会在这个家庭中度过。因此，幼儿园之家要温馨、温暖，让孩子如沐春风，如此，教育的影响才会发挥作用。

第二，鼓励幼儿相互学习。通过取长补短、相互影响，班级中会慢慢形成一种充满正能量的"班风"，这种班风有助于孩子屏蔽在其他环境中受到的不良影响。例如，曾有一个孩子的爸爸主张自由、自主的快乐教育，导致孩子入园后不遵守纪律，还将活动区的东西扔得乱七八糟，完全不听管教。爸爸也没有了办法，只是生气、着急，担心孩子入小学后不能够适应。过了一段班中的集体生活，孩子慢慢地学会了模仿他人的行为，也从教育者的正强化中了解了集体规则，尝试遵守集体秩序。这就是同伴的力量，孩子接触久了就会有群体性特征行为。

第三，让孩子爱上读书。在孩子逐渐成长的过程中，当他发现学校教育或者社会教育与家庭教育的某些观点相悖时，内心其实是痛苦的，因为孩子不知道该怎么办。我认为，教会孩子自我预防的方法很重要。陪伴孩子终身的一项本领就是读书。书读百遍，其义自见。同时，书中记录的他人的经验、做法、观点对于为人处世很有影响，是孩子成长的催化剂。从小班起，培养孩子爱读书、乐于读书的兴趣和习惯，会让他们受益终身。

第四，向家庭提供教育指导。幼儿园组织的各种形式的家庭教育讲座，会对孩子的原生家庭产生或多或少的影响。除此之外，参加家园活动时，家长之间的彼此影响也会产生巨大的作用。有一次，我园组织了家长学校活动。当请家长讲述对孩子的教育时，其中一位家长说："要求孩子做什么，自己首先要做到。"他举例说自己每天坚持练字一小时，孩子也会在这种氛围中感受到学习和坚持的快乐。当时很多家长都表示赞同和佩服，很多家庭也开始尝试着向这个家庭学习。

　　幼儿园有责任也有义务传播正确的家庭教育观念，让每一个小朋友在美好、温馨、温暖的家庭中长大，这也是福泽几代的事情。当然，这也需要幼儿园管理者、教育者以独特的眼光发现问题，以可接受的方式解决问题，让原生家庭发挥更多优势作用。

4

让爱传递到社会

习近平总书记曾指出，"办好教育事业，家庭、学校、政府、社会都有责任"①。教育的"协同"导向成了学前教育重要的取向。协同并非简单的分工合作，而是站在儿童发展的视角，以为儿童的终身发展奠基为协同宗旨，以教育的高质量发展为重要标识。

我曾听过一个有关德国小朋友钓鱼的故事。一个人跟他的德国朋友出去玩，路过郊区的一条小河，看到一个孩子在钓鱼。在德国，要想钓鱼，需先通过考试并取得相关执照。而且，如果钓上来的鱼是幼鱼，长度不达标的话，还必须放生。德国朋友走过去，问道："有执照吗?"孩子赶紧掏

---

① 中共中央党史和文献研究院：《习近平关于注重家庭家教家风建设论述摘编》，69页，北京，中央文献出版社，2021。

出执照："有呢，你看。"

"带尺子了吗?"德国朋友又问道。

"带了，带了。"孩子又连忙掏出尺子来。

"哦。"于是德国朋友走开了。

这个人感到很奇怪，不知道德国朋友为什么要管那么多，便问道："那是你亲戚家的孩子吗?"

"不是。"

"你朋友家的孩子?"

"也不是。我不认识他。"

"什么? 不认识? 怎么可能呢? 那人家为什么要听你的管教?"

"教育是整个社会的责任，孩子是国家的未来，每个人都有责任随时随地教育孩子。"

这个故事透露出这样的基本信念：教育是国家至关重要的事情，与每个人都息息相关，不管是培养孩子的人文精神、道德情操、社会责任感还是传授给孩子生活中必备的知识和技能等，每个人都有责任对孩子进行教育。这不禁让我想起这样一段话："一个国家的繁荣，不取决于它的国库之殷实，不取决于它的城堡之坚固，也不取决于它的公共设施之华丽；而在于它的公民的文明素养，即在于人们所受的教育，人们的远见卓识和品格的高下。这才是真正的利害所在，真正的力量所在。"①

① ［德］马丁·路德：《国家繁荣的力量》，载《决策与信息》，2004(2)。

一、矛盾好解决

一天，在小区里，当一位 4 岁孩子的妈妈知道我是幼儿园老师后，不停地向我述说她这段时间的纠结、苦恼、埋怨和气愤。她跟我唠叨着："孩子们都在楼下玩游戏，邻家孩子非要玩我家孩子新买的小汽车。看到邻家孩子那期盼的眼神，再看看儿子玩得专注的样子，丝毫没有被邻家孩子的哭声所干扰，好像没有听到一样，我该怎么办？出于让孩子学会分享的考虑，我还是把儿子拉到身边，悄悄对他说，'儿子，没看见姐姐哭成那个样子了吗？姐姐想玩你的小汽车，让姐姐玩一会儿吧？'。儿子还是有些执拗，好像没听见我说话一样。我继续说，'以后姐姐有了好玩的玩具也会让你玩呢'。儿子想了想，松开了拿小汽车的手，把玩具让给了姐姐。我不住地表扬儿子，儿子虽然眼里蓄满泪水，但还是笑了。我与儿子玩着亲子游戏，气氛融洽，非常友好。"

听到这儿，我对她笑笑，夸赞她有培养孩子的意识，这还是不错的。但她又着急地说："朱老师，您听我继续说呀。过了几天，邻家孩子也买了新玩具，在楼下玩得尽兴，我儿子也想玩，邻家孩子却不给我儿子玩，把我气得不得了。"

我问："你是怎么做的？"

这位妈妈说："我能怎么做啊？人家家长也劝说自家孩子了，可孩子就是不给玩，能怎么办啊？我想，以后我家孩子再有了新玩具也不让邻家孩子玩了，不能总让咱自己的孩子谦让、受委屈啊，那多吃亏呀！"

　　听着她的唠叨，我感觉她说的也是气话，知道她是想从一个专业的幼教人的嘴里听到解决的方法。我问她："在孩子们玩游戏的过程中，你帮助儿子学会了分享、学会了爱、学会了考虑别人的感受、学会了与他人接触的方法，你认为你的孩子感受到帮助别人的快乐了吗？在你的一次次引导中，孩子是不是变得乐于分享了呢？"

　　她兴奋地说："嗯，其实孩子第一次分享的时候也是有些不乐意的，但因为有我的及时鼓励和激励，孩子也慢慢变得乐于分享了。能看得出我家孩子心里还真是很高兴呢。"

　　"您与周围邻居的关系如何？"

　　她自豪地说："周围邻居都夸奖我懂教育呢，关系自然就很好了，他们都乐于让自己家的孩子与我家孩子玩。"

　　我说："其实这就是你的教育成果与收获。"她的眉头皱了皱，又很快舒展开来，好像明白了我的用意。我又问："你让儿子把小汽车给别的小朋友玩的目的是什么？"

　　"当然是为了培养孩子乐于助人、乐于分享的品质啊。"这时候她反问我，"那邻家孩子怎么就做不到这样呢？从来舍不得让我家孩子玩。我这样的教育方式不会让我家孩子受委屈吗？"

　　我又问："你想把自己家的孩子培养成什么样的人很重要，这也是你应该思考的，不要被别人的行为所左右。至于别人的孩子，我想她家的大人自然也有培养孩子的方法。虽然培养方法不同，但天下的父母都希望自己的宝贝健康成长。不要于无形中教给孩子用一种交换的方式表达爱，我想那不是真正的爱，爱和分享是不求回报的。爱别人、乐于与别人分享，应该是建立在自己内心愉悦的基础上的，你说是不是呢？"

这位妈妈豁然开朗，笑着说："是啊，朱老师您真是太棒了。我这几天心里一直都不痛快，我怎么能与一个孩子生闷气呢？别人家孩子的行为怎么就能够改变我对自家孩子正确的教育呢？其实每个孩子的发展水平都是不同的，我们不能用一把尺子来衡量所有的孩子。邻家孩子现在不会分享并不证明以后不会分享，只有品尝到了分享的快乐，孩子才算真正学会了自主分享。"

当然，让孩子根据成人认为正确的做法行事是期望太高的表现。我们要理解孩子的心理特点，给孩子成长的时间，永远不要期望一个孩子在很短的时间内就能变成懂事理、大方、慷慨的孩子；也不要用成人的认知标准来判断儿童的好恶，他们的表现可能有时让你感到欣慰，有时却不尽理想。在要求孩子把玩具拿出来给别人玩之前，一定要使他有足够的时间玩自己的玩具，承认他拥有对玩具的控制权，孩子慢慢地就会感受到他的分享能给对方带来开心和愉悦。

作为一名幼儿教师，我可以在社区中传递育儿理念，我觉得真的很有成就感！

二、幼儿园大公鸡"惹"来的举报信

还没开学，幼儿园便接到了一封举报信。

事情是这样的……

开学前夕，老师们都有条不紊地忙碌着，为迎接孩子们做着充分的准备。其间，幼儿园里的大公鸡会时不时地叫几声，这让我情不自禁地想起小时候在农村生活的情境，让人感到久违的亲切。有的青年教师没有听过这样的声音，这不，一时间，很多老师都围到大公鸡这里。这几只大公鸡可是孩子们从小鸡养成这样大的，早就成了大家共同的宝贝，上学期放假的时候还不会叫呢！这真是太有意思了。

老师们看着公鸡的变化，开着玩笑说："老师们用干净整洁的环境和欢声笑语迎接孩子们，这次大公鸡也参与到迎接队伍中来。孩子们是更喜欢老师还是更想念大公鸡啊？"

谁也没想到，正当老师们沉浸在大公鸡带给小朋友们的温暖中时，突然接到了一封举报信！信中说每天早上大公鸡的打鸣声影响了大家的休息，并问道幼儿园里为什么要养大公鸡。看来被老师和小朋友们视若珍宝的大公鸡不一定在所有人的眼中都是可爱的……

往常接到举报信时，我的第一反应是自己赶紧解决好问题，但是这次我决定组织一场中层干部的教研会，让大家来想想办法。教研会一开始，老师们就愤愤不平地说："咱们平时与周围的居民关系挺好的啊，为什么碰到这点小事就写举报信？""他家应该也有孩子吧？为什么不能理解幼儿园呢？"……

听着大家发牢骚，我问："咱们想一想，该怎么办？"

"这是孩子们养大的，咱们不能随意处理，需要征求孩子们的意见。""如果来园没有看到他们的好朋友，那孩子们肯定会伤心的。"看来大家都能够站在孩子的视角去思考问题，这是我很欣慰的。

"那后续我们应该怎样处理这件事情呢？"我问道。曼曼老师说："我给写举报信的人打电话，讲明原因，请他理解我们，等孩子开学来园后再决定这件事情该怎么解决。"

嗯，第一步，与当事人讲明原因，得到对方的理解。那第二步做什么呢？

毛老师说："大公鸡打鸣的声音确实会影响人休息，要不给它搬个家吧？"

第二步，主动从自身找原因，多角度地解决问题。第三步做什么？那一定就是实践操作，帮助大公鸡找寻合适的位置了。其实这就是管理者解决问题的思路。

(一) 以包容之心正确面对

为什么社区的人不理解我们？其实这很好解释，因为他们认为这是一只"不可爱"的大公鸡，打扰了他们的生活。那为什么我们会不舍得呢？因为大公鸡带给我们太多的美好。对于孩子们来讲，大公鸡是他们辛辛苦苦照顾长大的，这里面承载了孩子们太多的心血和满满的爱；对于老师们来讲，大公鸡是他们的一份牵挂，是孩子的学习资源，是幼儿园课程的重要组成部分，也是教师感受自然之美的一个窗口。因为有了这些情感，所以不舍。

《幼儿园园长专业标准》对园长的专业职责提出了要求：园长既要"优化内部管理"，又要"调适外部环境"，"形成幼儿园与家庭、社会(社区)及园际间的良性互动"。因此，我请老师们在接到这封举报信以后，首先要换位思考、正确面对。面对问题不生气、不骄躁、不发牢骚、不冲动，这就是我们教育人应该拥有的大气、包容和真诚。

（二）以谦卑之心争取理解

幼儿园里的大公鸡惹祸了，怎么办呢？如果将这个消息告诉孩子们，他们会想到什么好办法呢？不会要捂住大公鸡的嘴巴吧？还是给大公鸡搬家？那么大的笼子、那么大的公鸡，要怎么搬呢？孩子们会不会想到用一个网兜，或者用其他什么工具？……想想这些情景，我不禁笑出声来。殊不知，这些问题的处理过程对于孩子们来讲就是一个收获与成长的过程。陶行知先生曾说：生活即教育。这不正是很好的教育资源吗？作为教育人，我们就是要善于发现这些课程契机，将解决问题的过程视为课程的生发、开展和深度挖掘、探究的过程。

所以，我们要怀着一颗谦卑之心，争取社区人的理解。比如，可以给他们打电话，或者亲自登门拜访进行协商，说明我们养大公鸡的原因，同时为孩子们争取时间，等孩子们开学后来解决这件事情，让社区人也懂得儿童教育的意义和价值。

（三）以研究之心深度思考

想一想，通过这件事，我们作为管理者的成长点在哪里？孩子们的成长点又在哪里？作为管理者，怎样处理问题才能够实现各美其美、双赢共好？站在幼儿园的视角，教师给孩子们寻找真正有价值的课程资源，生成有趣的教育故事，是为了满足孩子们的发展需要；站在社区人的视角，孩子们尝试理解，才会认识到拥有一颗爱心、不影响别人、不给别人添麻烦的重要性，同时在解决问题的过程中获得潜移默化的成长。

刚开始每位老师都很生气，但通过大家的讨论，我们理解了所倡导的"在团结协作中彰显个性"不是写在纸上和贴在墙上的空话。"团结协作"不仅体现为老师之间的团结，也包含了我们与家长之间的团结，乃至我们与社区居民之间的团结。团结是一种力量，需要用理解、真诚、包容来支撑。团结会自然地影响我们每个人做人做事的态度，当然也会无声无息地浸润儿童的心灵。

与其说教师要怎样教孩子，不如家园社协同，整合多方教育资源，为孩子的自然发展提供良好的环境支持。

三、社区资源走进园所

每个社区都有展现社区精神的文化，也有一些核心人物，如英雄人物、行业内的专家等。他们是社会正能量的代表，其言行传递了值得学习的品质和优点，他们或在自己的行业内表现突出，或为了他人奉献着自己的时间或精力。除了这些对社会做出了特殊贡献的人可以成为德育的资源外，某些群体如退休孤寡老人、3 岁以内的婴幼儿等也可以成为德育的资源，幼儿园中的儿童在力所能及的范围内可以为其提供帮助和照顾服务。

(一)人力资源的价值分析

英雄人物、模范人物、行业先锋等起到了突出作用，尤其在社区之中，会成为社区典范和人们争相模仿的榜样，成为教育孩子的旗帜。榜样具有行为示范作用，是一种模仿学习的对象。幼儿通过观察一定情境中榜样的行为及其结果，无须直接的教导，就会习得类似的行为。榜样人物的一言一行都可以成为幼儿模仿的对象，成为幼儿理解抽象道德时的具体形象表征。

需要被人照顾的老人或者更小的孩子，本身也是德育资源。赠人玫瑰，手有余香。幼儿参与到爱老敬老、照顾弱小的活动中，会"去中心化"，有利于形成谦逊、宽容、助人等品质，幼儿会逐渐了解并掌握群体中交往的规则，学会自我控制以及和他人合作，学会站在他人的角度去思考问题。

(二)请进来和走出去

人，是一种特殊的德育资源。把其与德育课程进行对接，我园主要采用"请进来"和"走出去"两种方式。

"请进来"，即把社区中的榜样邀请进幼儿园，参与幼儿园的活动，和孩子们面对面接触，通过讲述故事、展示技能、再现工作场景、互动问答等多种方式，与幼儿互动。

2021年，我园开展了"共度六一节日，礼赞建党百年"的活动，邀请了一位98岁的八路军老爷爷来园给小朋友们讲述革命故事。爷爷声情并茂地描述着当时打仗的情形，讲述着八路军是如何克服困难英勇杀敌，在条件艰苦的环境下取得革命的胜利的。

爷爷讲完故事后，大班的一个小男孩看着旁边的一棵树问道："爷爷，树皮好吃吗？我觉得不好吃，为什么你们要吃树皮呢?"

爷爷说："实在没有粮食，肚子饿，只能啃树皮，树皮真的不好吃。"

另外一个小女孩问道："为什么要打仗呢？不能好好商量吗？"

爷爷解释道："不打他们，他们就欺负咱们啊。"

当下的时代和爷爷的时代迥然不同，孩子们可能想象不到当时的艰难困苦，但是从英雄人物的身上能够感受到今日生活来之不易，感受到现在的幸福。

"走出去"就是孩子们走进社区，走进特殊的人群之中，到他们家中或者公共场所做力所能及的事情。除了在重阳节组织孩子们到社区慰问孤寡老人和离休军人外，我园还响应了社区居委会的要求，带着孩子们到社区组织"大手拉小手"的活动，和社区中未入园的弟弟妹妹们一起游戏。孩子们在活动过程中，社会性发展水平明显提高，尤其是"控制和表达自己情绪"的能力得到充分发展。

有一次，孩子们准备了白色的毛绒地毯让一名 2 岁的小弟弟在上面玩耍。豆豆反复说，要把鞋子脱下来。可是小弟弟直接跑了上去，白色的地毯上有了脚印，豆豆很生气地说："地毯都脏了，快脱下鞋来。"可是小弟弟还是嗒嗒地跑着。豆豆便把小弟弟抱了下来，叹了口气道："我还是帮你把鞋脱下来吧。"

班华教授认为，开放的教育就是面向社会、面向生活。家园社三位一体，方可实现共同育人。

第六章

——

强国必定有我

我是一个坚持性很强的人，规定自己每日必须写反思和看书。我做到了，真心为自己喝彩。

2017 年年底，我有幸得到《中国教育报》的赏识，承担了十期的专栏撰写任务，连续三个月每周都必须写出一篇高质量的教育笔记。得益于笔耕不辍，我竟然觉得毫无压力。2018 年，以我名字命名的"朱继文工作室"成立，公众号作为一种宣传途径，每周都要发文，意味着我每周必须强迫自己写下一篇文章。夜深人静的时候，敲击电脑的声音回响在家中，我竟觉得很快乐，尤其是看到后台读者的留言，我常会欣慰许久，觉得读者有收获便是对我最大的肯定。

坚持，是日积月累，是水滴石穿，能够让世界悄然发生变化，体现了"纵使疾风起，人生不言弃"的处世之态。因为自己的努力，慢慢有幼教人知道我是个乐于分享的人，来园参观或者请求帮助的老师越来越多。敞开园门迎接前来参观的老师，走出北京帮助有需要的园所，这体现的是一种"大爱情怀"。我愿意将对学前教育的热爱覆盖在更多的地方，惠及更多的孩子。

1

心怀大爱展情怀

　　"家是最小国，国是千万家。"这句歌词把家国关系阐述得清晰透彻。习近平总书记强调："中华民族传统家庭美德，铭记在中国人的心灵中，融入中国人的血脉中，是支撑中华民族生生不息、薪火相传的重要精神力量，是家庭文明建设的宝贵精神财富。"①

　　作为学前教育工作者，我一直在思考，面向处于人生之初的孩子，幼儿园教育要不要有家国情怀？

　　《孟子》有言："天下之本在国，国之本在家，家之本在身。"学前教育的家国情怀是教师、家庭、幼儿共同的目标，也是有关事业、家教、成长的灯塔。

———————

① 习近平：《论党的宣传思想工作》，280 页，北京，中央文献出版社，2020。

一、立德树人是教师的家国情怀

唐代韩愈在《师说》一文中提出："古之学者必有师。师者，所以传道受业解惑也。"尊师重道是中华民族的传统美德。当今时代，教师已经不再简单地承担"传道受业解惑"的职责，而是需要集高尚的思想品德、渊博的文化知识、温暖的仁爱之心于一身。

学前教育是人生的启蒙教育。幼儿教师需要乐观开朗、积极向上、善于思考、勤于实践，最重要的是需要怀揣一颗大爱之心。这种爱体现为在孩子面前演绎"妈妈"的角色，把孩子的吃喝拉撒睡当成头等大事，把孩子的笑容和成长当作每日目标；这种爱体现为时刻关注自己的言谈举止，重视自己对孩子的影响，把孩子的点滴进步写进日记；这种爱体现为心系孩子的成长，把孩子的身心健康发展当成课题研究，把培育德才兼备的国家栋梁当成一生的追求。牢记使命、立德树人、怀揣大爱，做好孩子成长中的引路人。

《刘子·崇学》中有句话："故为山者，基于一篑之土，以成千丈之岭；凿井者，起于三寸之坎，以就万仞之深。"学前教育亦是这个道理，只有在日常生活中下功夫才会让儿童终身受益。幼儿阶段以模仿学习为主，环境、榜样的作用举足轻重，因此身为幼儿教师必须严于律己，做到一言一行皆示范，举手投足见智慧，将教育融于无形之中。观察幼儿、研究幼儿、发现幼儿，在常人看来琐碎而平凡的细微小事中培养幼儿良好的习惯、乐观的态度、做事的能力、做人的规范，在不断的学习、研究和实践中探索育人的方法和树人的真谛。

一位妈妈称赞我们的老师时说："我的孩子特别喜欢王老师，总是模仿王老师的笑，你问她在幼儿园学会了什么，她就说，学会了笑眯眯。"笑，看似简单，其中包含的是交往的智慧、向善的品格。世界上有两件东西最重要，那就是认可和赞美。对别人行为的赞美总是会受到欢迎，人与人之间真诚的微笑总是会让人感受到温暖和舒适，仿佛整间屋子都被光芒笼罩。当下的和平年代，也许不需要"雄关漫道真如铁"的豪情壮志，但是依旧需要清澈见底的情怀与担当。

对于幼儿教师来讲，望着孩子明亮的眼睛，不断完善自己、提升自己，做有师魂的幼儿教师，做自警、自省、自爱的幼儿教师，精熟业务、修身养德、传播正气，以"大爱之心"践行"大师之行"，做好教育事业的排头兵，用爱与智慧影响孩子，这就是幼儿教师的家国情怀。

二、和美仁厚是家庭的家园情怀

家风正则民风淳，民风淳则社风清。家庭是精神成长的沃土，家国情怀的逻辑起点在于家风的涵养、家教的养成。因为在幼儿园工作的关系，见过的家庭数以万计，每当看到培养得优秀的儿童，我一定会看到知书达理、明辨是非的父母。鲁迅在《我们现在怎样做父亲》一书中对身为父母的成人有一些劝告，其中指出，觉醒的父母应先解放自己的孩子，"放他们到宽阔光明的地方去"。他提出了"长者解放幼者"的观点，我认为就是呼吁做父母的要改变过去绑住孩子的手脚、束缚孩子的思维的做法，改变过去认为孩子是实现自己心愿的工具、是自己私有财产的狭隘思想，让孩子遵循自然天性，回归自我创造的世界。孩子的成长离不开生活的土壤，家长的职责便是传递正向家风。

注重家风，彰显"和美"。"和"字有和谐、和气、和顺之意。家庭和和美美，能够给孩子创设良好的氛围。家长的文化素养、行为习惯、生活态度、思想境界等都会对家庭氛围的营造产生作用，也都会对孩子产生无形的影响。

我每次观察孩子们玩娃娃家游戏时，都会看到很多家庭的映射。

"爸爸"坐在沙发上冲着"妈妈"说："你快点做饭，我忙了一天了。""妈妈"边照顾"宝贝"边嘟囔："看，奶奶总是给你穿这么多衣服。"这是家庭的缩影。重家风于孩子而言是重言行。家庭成员之间相互尊重、相互欣赏、彼此信任与支持、彼此关爱与体谅，家会变成温暖的港湾。这样的家庭在无形中传递的是待人处世的良好态度，对他人、对社会的责任与担当。

开学初，一个中班孩子在楼道中哭泣，妈妈在旁边耐心开导了一番，但无济于事。为了让孩子开心，我拿给孩子一本绘本，因为我了解这个孩子特别喜欢读绘本，每次我到班里与孩子游戏的时候，他总会讲绘本故事给我听，所以我就用绘本吸引他，孩子果真被转移了注意力，情绪渐渐稳定了下来。我竖起大拇指鼓励孩子说："快拿着书到班里与小伙伴们分享吧。"妈妈听后，也学着说道："快谢谢老师吧！回班和你的好朋友一起看，他们还没有看过呢！"其实，家庭教养方式是能够通过成人的文明修养程度体现出来的，将来也一定会在孩子身上得到体现。

注重家教，传递一个"仁"字。仁是指仁爱之心、宽以待人，家庭成员

之间夫妻互爱、长幼互亲，家庭其乐融融，大家都心存感激与美好，相信
从这里走出的一定是眼中有美、心中有善的孩子。"家和万事兴"，有了小
家的幸福才能有大家的安定。如何与其他孩子相处，如何处理在园突发事
件，如何与门口保安爷爷打招呼，大街上遇到需要帮助的人时该怎么办，
这些都是家庭教育的内容。一个个文明的小家庭推动了社会的和谐发展。
家国情怀体现为温暖自己的小家、教育好自己的孩子、心中装着大家。

三、心中有爱是幼儿的家国情怀

人之初，性本善，孩子是家国情怀的感受者和延续者。也许有人会说
孩子太小，不懂什么是家国情怀，那我们不妨引导孩子从爱自己开始，自
己的事情自己做，学习怎样照顾好自己，学习怎样保护好自己。慢慢地，
孩子就会开始关注周围的人、事、物，用与关爱自己一样的态度去对待他
人。一只小鸟受伤了，孩子会心疼地把它捧在手里，细心地找来药、布为
它包扎；每天见到打扫操场的保洁阿姨，孩子会停下来说声谢谢，会主动
不乱丢垃圾；幼儿园加餐吃的点心，孩子会悄悄地放在兜里半块留给奶奶
吃；有英国学者来访，正在玩耍的女孩捡起地上的一片银杏叶相赠——
"把中国国树银杏树的叶片送给您！"从爱自己到爱他人，爱身边的动物、
植物，相信孩子们能够感受爱，更能够将爱化为一种力量去拥抱整个世
界。孩子们的真、善、美就是一种家国情怀的体现，蕴藏在心中，这就是
成长的底色。

育人先育己。只有社会中的每个人做好自己，每个人都以一个教育者

的身份出现，才能真正让孩子在社会这个大课堂中健康成长。

教育就是为孩子精心播下一颗幸福的种子，等待并享受种子发芽、开花、结果的过程，幼儿园老师是播种人。在孩子们走入园门的那一刻就播下一颗颗种子，一颗颗爱的种子，可爱的孩子们就可以用一百种语言、一百种行动、一百种方式去爱我们的国、我们的家！

2

乡村振兴有你有我

　　独乐乐不如众乐乐，大家好才是真的好！其实，做教育亦是如此。利用自己的专业和能力，去帮助更多的人，这样的人才是真正的教育者。

一、被需要的幸福

　　"幸福"是什么？什么能带给你幸福？

　　我相信每个人对幸福的理解都不同，而渴望得到的幸福也各不相同。

　　你知道吗？作为幼教人，有一种幸福叫被需要。

　　它有时来源于孩子，有时来源于同行。

　　因为被需要，我们启程出发！

(一)巴彦淖尔的家长会

2012 年 8 月,我园优秀教师陈彩霞、徐平前往内蒙古自治区巴彦淖尔市开展了面向家长的公益培训活动。陈彩霞老师在其论文《读懂"大爱无疆"——记赴内蒙古支教之感》中,对这次活动进行了详细的记录。

2012 年 8 月,我和同行的老师坐上了开往内蒙古的列车,此行的目的地是内蒙古自治区巴彦淖尔市。虽是暑假,但我们此行并不是为了欣赏草原美景,而是应邀去为那里的幼儿园进行新学期开学前的家长培训工作。

清晨,在巴彦淖尔市寂静的火车站,我们见到了牡丹幼儿园园长,她的热情让我感受到了当地人的豪放和亲人般的温暖。从她的话语中我感受到了同为幼教人的那种渴求帮助、渴望发展的急切心情。来到牡丹幼儿园,我看到了老师们忙碌的身影,看到了虽然简陋但凝聚着老师智慧的环境。面临开学,幼儿园和家长都极为珍视这次开学前的家长培训活动,并将它视为家园沟通的开始。而远道而来的我们则肩负着架起这座沟通桥梁的重要使命。

活动那天,我们早早地来到会场进行培训准备。随着时间的推移,会场中的人渐渐地多了起来。尽管我们彼此互不相识,但爱孩子、关注幼教的心将我们紧紧地连在一起。活动中,寓教于乐的小游戏、趣味横生的互动问答让培训变成了一个启迪教育智慧、分享育儿经验、探讨家园共育的教育分享会,大家都沉浸在其中,很快活动就结束了。由于要赶往下一所幼儿园，我们来不及休息就又提上行李出发了。

汽车在无垠的草原上奔驰着，四小时后，我们来到了早已座无虚席的礼堂。得知有些牧民家长从离这里数十千米的草原深处特地赶来听北京的老师讲课时，我们一下子忘记了路途的劳累，精神饱满地投入新一轮的工作中。

在短短的三天中，我们辗转了四个地方的五所幼儿园，行程有上千千米。记得临行前牡丹幼儿园园长紧握着我们的手深情地说："回去替我谢谢朱园长、谢谢老师们，我们园一定要和丰台第一幼儿园做姐妹园！今后我们还要从方方面面向丰台第一幼儿园学习，我也要带我园的老师们去丰台第一幼儿园学习，还请朱园长和老师们也要多来我们这里指导呀！"

如果说一开始我还不理解此行的目的，抱怨路途颠簸、行程枯燥与辛劳，但在与这些初次谋面的园长、老师和家长们交流之后，我就渐渐明白了朱园长的苦心，真正理解了什么是朱园长说的"让更多的孩子享受到优质的教育资源""敞开园门办教育"，什么是"大爱无疆"。在这里，爱的暖流通过我们无声传递，丰台第一幼儿园成了连接北京市与巴彦淖尔市这两座美丽城市的纽带。

(二)与和田地区的教师共成长

对口援疆是党中央、北京市交给丰台区的重大政治任务。我园高度重视，始终牢记使命，将对口支援和田地区的任务放在心上、扛在肩上，多次派优秀骨干教师到当地进行支援。以下是其中一位教师回来后的记录。

　　暑期的一天，大部分老师都放假了。我与丰台第一幼儿园的其他六位老师一起踏上了前往新疆的支教之路。凌晨四点，我们便在幼儿园门口集合，带着园长和老师们的嘱托，我们出发了。

　　早上八点飞机准时起飞，经过四小时的飞行，当大家兴奋地以为到达目的地时，却被告知到达的只是中转站，之后飞机还要继续飞行两小时，大家像泄了气的皮球一样蔫了下来。短暂停留后，飞机又飞向了蓝天。终于，我们踏上了和田地区的土地。稍作休整后，我们又坐上小汽车出发了，此行我们的目的地是几百千米以外的皮山农场。穿过茫茫戈壁，经过了四小时的颠簸，晚上九点多我们终于到达了皮山农场。

　　接下来的几天，我们分别走进了皮山农场第一小学的学前班和新疆生产建设兵团第二师二十四团幼儿园开展了培训和实地课程指导。白天老师们进行培训和课程指导，晚上大家积极开展教研和备课。一周的时间，虽紧张、忙碌，但大家都以饱满的热情将园所和自身的好经验传递给新疆的学前教育工作者和幼儿园。

　　北京和新疆在中国版图上一东一西。为做好帮扶工作，老师们克服了时差带来的不适和饮食习惯的不同，将每一天、每一分钟都充分利用。尽管过程中十分辛劳，但当看到新疆老师与小朋友们渴求的眼神和学习过程中的专注与认真，我们感到无比欣慰。朱老师说过，丰台第一幼儿园要担负教育发展的重任，我们的责任就是让当地老师提升专业水平，让当地小朋友享受到优质教育资源。

送教进疆，我们感到无比光荣；送爱进疆，更是我们幼教人的责任。

(三)去长治的故事

山西省长治市某乡镇的一所幼儿园的老师来我园进行了为期几天的学习后，感慨我园是其心中的桃花源，遂邀请我园教师助力这位教师所在地幼儿园的发展。我园杨君老师参与了此次活动，回来后书写了记录支教感想的文章——《目光有多远，爱就走多远》。以下是文章中的部分片段。

对我来说，印象最深的是去一所县级幼儿园。由于订票非常匆忙，我们只买到了站票。考虑到当地可能没有我们需要的材料，于是，我们听从了朱老师的建议，顾不上带自己的衣服和洗漱用品，在背包里塞满了胶棒、麻绳、盒子、瓶子等各种材料。

站了两个多小时后，我们终于到达了太原火车站。火车站前人山人海，辨不清方向的我们东撞西撞。面对如此状况，朱老师只好一遍一遍地打电话确定前来接我们的车的位置。那时，我已经头脑混乱，只记得跟着朱老师急匆匆的脚步从站前广场的一头走到另一头，又走回来，来来回回一共走了四趟。

终于找到车了，车子在高速上开了近三小时才到达目的地。顾不上休息，我们直接去了幼儿园实地考察，和老师们进行教研商讨，回到宾馆休息时已是晚上九点多了。

那些天，我们和这所园的老师们一起工作，好像打了鸡血一样，顾不上吃饭睡觉，更顾不上休息，每天很早就开工，一周不到，全园的墙面装饰工作完成了！临走的时候，园长很感激我们。尽管只有短短一周的相处时间，但我们已深知他们的不易和热爱教育事业的心。

这一趟尽管路途辛苦，但是心里很充实。想到当地老师看到我们共同装饰的墙面时眼睛里好似有星星，想到孩子们入园后会看到焕然一新的幼儿园，自豪感油然而生！

(四)公益助学万里行

我园宋双老师十来年一直在做公益活动，用自己的行动诠释着一名优秀教师的教育情怀。2023年暑期，她跟随公益组织参与了调研，回来之后感触颇多，写下了这篇文章。

我曾在某篇文章中看到过一句话，表达了对公益的认识：公益的核心思想就是唤醒爱心，唤醒善良。它不是用来打发时间的，也不是用来作秀的，更不是一项娱乐活动。公益是用一颗真诚的心来对待的事业，是一件有意义的事情，每个人都可以参与到公益活动中来。

我参加公益活动已经十多年了，这十余年来我一直是资助人的身份。原来觉得这件事对于我来说非常简单，只要尽自己所能，每学期定时给我资助的孩子打去学费和住宿费就可以了。

2023年暑假，我有幸加入了助学走访调研的队伍，才意识到其中的艰辛。作为志愿者团队中的一员，我要实地走访，和大家一同讨论哪些孩子可以被资助、哪些孩子不符合资助条件。我们既要尽可能地帮助到每一个孩子，又要对资助人负责，这既是我们的职责也是使命。然而，对于有些不符合资助条件的孩子，看着当地老师期待的眼神，我又真心不忍拒绝。

第一站，青海湖站。

我们经过3个日夜近2000千米的长途跋涉，终于抵达了青海湖。第二天一早，我们就开始了走访。一天的时间里，从志愿者团队与大家的沟通中、从孩子们纯真清澈的眼神里、从他们的家人和老师朴实的话语里，我收获颇多。

第二站，同仁站。

到达同仁的第一天我们走访了部分学校和家庭，这一天的心情可谓是跌宕起伏。上午，我们走进了一所寄宿小学，看到的是与北京的小学并没有太大差别的教学楼、宿舍楼、学生食堂和操场，看到的是劳技教室、科学实验室里各种现代化的教学设备，我不禁为国家对西部教育的重视和支持点赞。在给孩子们发放礼物的时候，我感受到孩子们因为收到文具而喜悦的心情，听到他们用汉语礼貌地致谢时，也由衷赞叹当地老师们在实施品德教育时的尽职尽责！我既佩服又欣慰。

下午走访了孩子们的家庭。毫不夸张地说，我哭了好久。尤其是一个只有奶奶和两个孩子的家庭，孩子的爸爸妈妈都去世了，只剩下奶奶抚养着孩子。我看着满墙的奖状倍感欣慰，这样努力又优秀的孩子怎能不让我们心动？我努力擦干眼泪，抱着从我们一来就激动得泪流不止的奶奶轻声安慰，虽然我们语言不通，但我们的心是相通的！

第二天，我们又翻越了几座大山。这时，我想到多次为我们探路的公益活动的负责人们，心中满是崇拜、敬佩和感激。

走访的过程中每一天我都有收获，每一天也都在成长。当看到当地家长和孩子们因为我们的到来而喜悦时，当听到他们朴素又热情的欢迎我们的话语时，我心底荡漾着一股暖流。"赠人玫瑰，手有余香"，也许我们此行的意义远不止如此。

(五)凉山孩子清澈的眼神

2019 年，李珊和赵靖铭两位老师在暑期跟随北京师范大学的团队到凉山彝族自治州进行了两周的支教活动。

2019 年，我们去了四川省凉山彝族自治州布拖县进行了支教活动。

先是崎岖的公路，然后是泥泞的山路，在赶往支教地点的道路上狂野奔驰的客车让我们体验到了十足的惊险。随着车窗外的景象越来越荒凉，车停了。我们带着憧憬与忐忑下了车。

现实远比想象更残酷，虽然我做好了心理准备，但当那么多生动的细节真正跃入眼帘的一刻我才明白，之前只有在电视上才能看到的场景在现实中呈现时会带来多大的冲击力。

孩子们穿着明显比自己大的衣服，乱糟糟的头发，红彤彤的脸蛋，有的孩子身上还有让人心疼的疤痕……孩子们看到我们时略显羞涩，但是很有礼貌地跟我们打了招呼。进入教室后，我更是心疼得眼泪都要掉下来。我发现他们的毛巾很硬，他们的伙食很清淡，他们每天连喝水都是奢侈的事，要走出教室去很远的地方打水，配备齐全的玩具对于他们来说更是天方夜谭……

对孩子和环境有了简单的认识后，在北京师范大学的老师的带领下，我们进行了充分的备课，并共同开展了教育活动。虽然活动中由于孩子年龄小，有些话听不懂，中间出现了一些小插曲；但他们的眼神一直聚焦在老师的身上，他们努力地跟随着老师的话语、动作。小小的他们此刻显得格外耀眼，我被他们的专注和对知识的渴望深深震撼。

当地的老师年龄偏大，但她一直坚守在这个岗位上，希望为孩子们多做些什么。她努力地向我们学习，在我们上完课后，认真地模拟我们的语气、神态进行教学，不停地向我们请教，针对不懂的部分主动询问，她在用自己的力量努力守护着这群孩子。

虽然和孩子们相处的时间不长，但在一起时气氛很融洽，我切身体会到作为一名教师的艰辛和荣耀。当看到孩子们按照你的要求努力、认真地做好每一件事并取得成果时，那种感动和幸福是难以言表的。他们清澈的眼神中充满希望和憧憬，永远驻留在我的内心深处。

很庆幸在这个活动中认识了很棒的老师，一起做了很棒的事。乡村孩子的眼里也有光，而我们会尽自己所能，带给他们爱与欢乐，引领他们向前走。

以上是部分老师支教的感受，篇幅不长却令人感慨，让人心生敬佩。回首过去，老师们一起走过新疆、内蒙古、四川等地区，虽然路途遥远、条件艰苦，但丝毫没有影响大家奋斗的脚步和前进的步伐。老师们用爱和责任谱写了一首首动听、感人的诗篇。

每当需要帮助的园所打电话来，我便觉得被需要真的是一种幸福。"手拉手"活动为教师搭建了一个学习、交流和研究的平台，既开阔了教师的教育视野，又提升了教师的专业素质，促进了教师的成长，更为幼儿园今后的可持续、健康发展增强了后劲、注入了新的活力。这些美好为乡村振兴发展谱写了绚丽的华章，将是每一个教育工作者永存的记忆。

二、遇见美好，遇见你

"学习金字塔"是一种介绍现代学习方式的理论，由美国学习专家爱德加·戴尔于 1946 年首先发现并提出。美国缅因州的国家训练实验室也进行过类似的研究。它用数字的形式形象地展示了采用不同的学习方式，学习者在两周以后还能记住多少内容（平均学习保持率）。

第一种学习方式是"听讲"，也就是老师在上面说、学生在下面听。这种是我们最熟悉、最常用的方式，但学习效果却是最差的，两周以后还能记住的内容只有 5%。

第二种学习方式是"阅读"，两周以后还能记住的内容有 10%。

第三种学习方式是利用"声音、图片"，两周以后还能记住的内容有 20%。

第四种学习方式是"示范"，两周以后还能记住的内容有 30％。

第五种学习方式是"小组讨论"，两周以后还能记住的内容有 50％。

第六种学习方式是"做中学"或"实际演练"，两周以后还能记住的内容有 75％。

最后一种学习方式位于金字塔基座位置，是"教别人"或者"马上应用"，两周以后还能记住的内容有 90％。

让老师去支教，获益更多的应该是支教者本人，在教别人的过程中实现真正的教学相长！只有把知识教给别人，自己才能够得到真正的领悟。教育是一个长久的问题，如何在短短的一两天甚至三四个小时中，让学习者有所收获和感悟，是我让每一位参与活动的老师必须思考的问题。短时间的帮助，需要为学习者开启"一扇窗"，方便他们窥见外面万千风景；若想看到更多，则需要学习者自己努力，走更远的路。

河北省邯郸市曙光幼儿园的张娜老师学习后，写道："幼儿教育承载着中国的未来，这么说一点都不为过，而丰台第一幼儿园恰恰是怀着这样的家国情怀培育下一代领航人的。朱园长把工作职责和家国发展紧紧联系在一起，把工作和生活融为一体，乐在其中，她的人格魅力是由内而外散发的，她周边的人无不幸福其中！从管理角度看，自古大家通常以物言志，而红杉精神成了从老师到幼儿、从内到外、从集体教学到户外活动等的精神引领；从制度建设角度看，活制度的建立是尤其值得我学习的。好领导一定是贴近一线、亲近幼儿、亲近老师的。只有勇于批判自己，才会不断成长、所向披靡，与工作合二为一，乐在其中！"

海南省军区幼儿园的朱美佳老师在学习后写道："今天听了朱园长的

'做智慧的管理者'。无论是从园本文化方面还是从对教师的培养、关注以及与孩子的交流方面，我都能感受到朱园长的人格魅力以及管理魅力。她深入孩子的班级生活当中，从和孩子的交流当中捕捉关键点，从而产生课程故事，这些点点滴滴将'红杉精神'立体地呈现在我们面前。我感受到教育理念是从儿童和教师的案例、故事中得来的，是自下而上的，而不是'外来物'和自上而下的。课程需要有完整性和综合性，不应被单独地剥离开。教师应学会顺应儿童的想法，捕捉儿童的语言和思想，真正地指引、支持儿童。搞发明的人只能是大人吗？孩子的创造力也十分强大。"

内蒙古自治区赤峰市林西县直属机关幼儿园张李娜老师写了一篇文章《致丰台一幼老师们的一封"告白"信》，情真意切，令人感动：

我常常在想，怎样才能成为一名好的幼儿教师？怎样才能成为孩子们心中最喜欢的那个人？在丰台第一幼儿园学习的几天中，我渐渐知晓了答案……

早上，迎着晨光，老师们笑靥如花，打动着每个小朋友。我总能随处听见"宝贝，早上好啊""虫虫，你来啦！""卷卷，你今天可真漂亮"，总能随处看见一个个甜蜜的拥抱。操场上，有随风而动的五彩风车、来回悠荡的秋千；树荫下，藏着孩子们喜欢的神秘树屋、奇趣的小路；攀爬网上，还有孩子们的作品、记录表、游戏图……我看到了大自然是孩子们最好的游乐场，一切皆是纯净、自然、美好的样子，这里是真正属于孩子们的"童话世界"。

这是爱的体现，这种爱叫懂得。

走进教学楼，这里没有买来的艺术品，这里的主人是孩子，这里的作品出自孩子，纵使笔触稚嫩，纵使没有一些成人眼中的"美"，但令我如痴如醉……"我的超市开业了，最近上了新货，老师你一会儿可要来啊，我给你打折。""你想做美甲吗？我做得可漂亮了，保准你满意。""老师，你今天是第一次光顾我的花店吧？你选一朵喜欢的花，我送给你，记得常来哦。"我这位来自远方的客人受到了小朋友们热情的招待，他们都勇敢、自信地表达着对我的欢迎。这里是真正属于孩子们的"游戏天堂"，我看到了老师们的用心和智慧，看懂了"一日生活皆课程"的实践。

这是爱的体现，这种爱叫陪伴。

班级里，随处可发现老师带孩子们探索秘密的踪迹。蘑菇是怎样生长的？蚕宝宝是如何慢慢长大的？玉米皮都可以用来做些什么呢？老师的婚礼要怎样筹备呢？小小的班级潜藏着大千世界里无穷的秘密。在这里，老师沉浸式地和孩子们一起游戏、生活，让孩子们在可视、可听、可触摸、可想象、可表达的世界中，捕捉、理解这个多彩而立体的世界，慢慢建构起属于自己的"生活天地"……我看到了满眼都是孩子的老师们。

这是爱的体现，这种爱叫支持。

学之愈深，知之愈明，行之愈远。短暂的学习之旅于我而言仿佛是一场向美的修行。在丰台第一幼儿园的大家庭里，我充满力量，收获颇丰。这里的园长是"妈妈"，这里的老师像"姐姐"，这里的每一个人都如此阳光、积极、向上。我将带着这份感动回到自己的岗位，将所学、所获落实在工作中，珍惜跟孩子们在一起的时光，努力成为更好的自己！

支教，是对教师的一种磨炼，更体现了初心与热爱。支教工作更加坚定了我们幼教人的教育初心和教育情怀。"天下兴亡，匹夫有责。"我们想说，"教育兴衰，人人有责"。时代发展的洪流把"振兴乡村教育"这一棒交到我们手中，作为幼教人，我们深感责任重大，使命光荣！

教育是一种相互促进的活动，在任何一次帮扶活动中，我们都能从其他地区老师的身上学到更多。他们对知识的渴望、对教育情怀的坚守、对教学活动的重视，都给了我们很多的感动和启示。某种程度上说，互为师者，互相鼓舞。这是一种在教育路途上的相遇。遇见美好的事情，携手做美好的事情。

3

走出国门看教育

学习历史课程的时候，我记住了"师夷长技以制夷"，也知道了"取其精华，去其糟粕"。原来，我深信"好酒不怕巷子深"，兢兢业业做好自己的教育就可以了；现在，我深感教育无国界。

一、感受美国教育

走出国门，走向世界，2016 年，在美国学习的 21 天中，我看到、听到了许多让我感触颇多的小故事，陷入了深深的反思之中。现将自己的感悟和体验与大家分享。

(一)感受爱阅读的氛围

美国非常注重孩子阅读习惯的培养。每个幼儿园都配有图书馆,图书种类齐全、摆放有序、投放有需,便于孩子学习和查阅各种资料。阅读的要求、步骤、技巧和办法都呈现在墙上,同时,幼儿园还在潜移默化中教给他们归纳、总结、提炼的方式。孩子每天有 20 分钟的阅读时间,阅读对他们来说是一种至高的精神享受,已成为孩子生活中不可缺少的一个重要组成部分。

美国孩子对图书也倍加珍惜,即使书本已用了 10 年之久,他们还要考虑让比自己小的孩子接着用。将书本保存完好成了美国孩子的一种习惯、一种美德。

我国的教育家朱永新教授曾讲道:阅读的人生是幸福、快乐、精彩的人生。让工作、生活成为阅读、学习的过程,让毕生阅读、终身学习成为人们的生活方式。一个人的精神发育史就是他的阅读史,一个民族的精神境界取决于这个民族的阅读水平,一个忽视阅读的学校永远不可能有真正的教育。

(二)感受记叙式的教育环境

在我看来,美国幼儿园的环境就像是一篇记叙文,它真实地记录着每个孩子的成长,体现着孩子们的创想。墙壁上、楼道中,处处都展现着从孩子的视角出发进行的设计,孩子们可以自由布置,充分体现了孩子们才是教育的主体。

圣诞节快到了，孩子们从家里带来了许多礼物，在幼儿园里自由地买卖。学校俨然成了孩子们生活的课堂，是社会的一个缩影。我仔细观察了一下，他们的宣传海报不是随意张贴的，有序而不杂乱，有的贴在了宣传栏的固定位置，有的贴在了学校长廊的铁柱子上，有的贴在了孩子们接水的地方，还有的贴在了男女生卫生间的门边上，这些地方一定是孩子们能够关注到的地方。海报的内容也是孩子们自己设计的，每张都不雷同。

至于班级里孩子们的生日活动，也是五花八门的。有的把合影张贴在柜子上，有的把设计好的祝福卡贴在幼儿园的墙壁上，过生日的孩子会得到全园老师和小朋友的共同祝愿。环境在潜移默化中向孩子们渗透着节日教育、情感教育。

美国幼儿园的环境体现了主体性和教育性，环境成了孩子们的第二课堂。在这里，孩子们真正成了环境的主人！

(三)感受散文式的教学形式

美国的教学形式如同散文一样，形散而神不散。记得那是刚到美国的第 6 天，我们走进了一所小学的课堂，孩子们三三两两，有的用手支撑着脸坐在座位上，有的坐在桌子上，有的站在桌子旁……其实，美国松散的教育形式我们早有耳闻，但当我真正看到这种无序的状态的时候，还是感觉有些诧异。这难道就是美国的教学课堂吗？孩子们的学习目标是什么呢？教师的指导点又体现在哪儿呢？……还是仔细观察一下孩子们吧。我惊奇地发现：虽然孩子们分散在教室的各个角落，但每个孩子都关注着教师的实验，几乎没有一个呈游离状态。我不禁思考，这些课堂现象如果发生在我的幼儿园里，我会怎样处理呢？我会怎么评价我的教师呢？后来我想：教师应尊重孩子的学习方式，只要教师心中有目标，只要孩子专注于学习，他们坐在哪里又有什么关系呢？

(四)感受等待式的课堂教育

美国的课堂教育还让我体验到一种故事未完待续的感觉。孩子的成长是一个过程，不要急于获得某种结果从而画上句号；在教育的过程中，我们要学会等待，学会欣赏孩子画逗号、问号、感叹号以及省略号的过程。

在一节学习分数的数学教育活动中，有30%的学生没有达成目标。老师没有任何表情和反应，好像心里早就有了对这样结果的预知，继续安排后面的游戏。看课的我真心替这个老师着急。我焦急地和离我最近的一个孩子进行了个别交流，我甚至没有让他跟着老师玩游戏，而是一个劲儿地用半生不熟的英语为这个孩子讲解，终于他写出了答案。我很欣喜，感到了莫大的幸福，我自认为通过我的努力孩子得到了发展。

但同时，我陷入了深深的思考：应该如何看待孩子的发展呢？

我们在辛辛苦苦地教授的过程中，会不会剥夺了儿童的成长权利呢？这里我要问：什么样的课程是优秀的或堪称好的课程？哪些方面需要教师反思呢？评定优秀课程的最重要的依据应该是什么呢？……其实，美国的教师通过多样化的游戏方式，让孩子自己去体会分数、认识分数、了解分数、理解分数的意义，是在等待幼儿自己去探索、思考、领悟和成长。此时，我又因我的所作所为而感到后悔。

教学目标包含三个维度：知识与能力、过程与方法、情感态度与价值观。如果教师只重视知识目标的达成，将自己认为重要的知识内容灌输给孩子，并以结果为判定方式，给孩子贴上标签，就会忽视对孩子情感的熏陶、能力的培养、价值观的垂范。这样的教学单调得如同一张平铺的白纸，因为离开了思想的启迪、方法的指导，很难有鲜活的生命力。

课程中既不能单纯看教师的教，也不能单纯看幼儿的学，而是要看教与学互动生成的质与量。很多教师做"事"的意识很强，较多考虑"事"成而较少考虑"人"成。比如，老师的课上完了，但孩子的思维方式、价值观、能力有没有因为这件"事"而得以发展和提高呢？有了这样的思考，才会对"以幼儿为中心"进行更好的理解和诠释。

(五)感受个性化的儿童管理

没有规矩，不成方圆。难道美国的学校就没有纪律的约束和要求的制约吗？答案当然是否定的。美国的学校里有明确的校规，在孩子入学时就要求家长和孩子明晰，双方都要在遵守校规的承诺书上签字。每个班也都有班规，主要是有关孩子们在班级中应遵守的规则，都是由孩子们共同制定的，并以图文并茂的形式呈现出来，张贴在班级中。

我园倡导"一个都不能少"，那么美国学校是怎样做到这一点的呢？每天下午2：30以后属于课后时间，学生可以根据自己的兴趣或结合自己的困惑，找老师请教、交流，进行自由学习。还会有专门的助教教师帮助学习有困难的学生，关注他们的成长。

在美国的幼儿园里，孩子每年要达到的教育目标、要求全部都以纸质的形式贴在墙壁上，学校该干什么、老师该干什么、学生该干什么、家长该干什么，都非常清晰地呈现出来，以便让老师、学生、家长都能够了解学校对学生的基本要求。同时，结合家长的需求，即想把孩子培养成什么样的人，三方共同制定出可行性的培养目标和个性发展规划。满足孩子的基本需求，完全以孩子为中心，为孩子的发展服务，体现着全面育人的教育理念。美国的教育是为每个孩子量身定制的教育，是个性化的教育，是开发每个人潜能的教育。

机会是属于孩子们的！我们每次到学校参观，都是由孩子们带领进校，讲解学校的环境、课程等内容的。从他们自信的仪态、自豪的表情中，我们读出了孩子们的能力。培养热情、自信、阳光又不失认真和努力的孩子，美国学校从点滴中渗透着他们的教育理念。尤其是在参观女子学校时，我看到学校的标识竟然是老虎形象，便问孩子们其中有什么寓意，她们告诉我，校长希望女生也要像老虎一样勇猛、顽强。

加德纳提出，将来人类面临的挑战不仅仅是简单地培养拥有智能的人，我们应该将智能、道德、责任结合起来，赋予智能以人性。他强调了一个重要概念，即"每个人"，如"我们每一个人都会成为独特的人"。我国同样强调教育必须对每一个学生负责，将共性与个性相结合，全面贯彻"育人为本"的教育思想。①

(六)感受体验式的拓展教育

蒙台梭利有这样一句话：听过就忘记了，看过就记住了，做过就理解

---

① 梅汝莉：《多元智能理论在中国学校教育中的新进展》，载《中小学管理》，2011(1)。

了。美国教育注意挖掘社区中教育资源的潜力，经常开展动手活动、参观活动和旅行活动等。教师不仅会把儿童带到儿童博物馆（如曼哈顿儿童博物馆、波士顿儿童博物馆），而且会把儿童带到历史博物馆、科学博物馆、艺术博物馆，让儿童动手操作和亲身体验，加深对周围世界的认识。此外，教师还会带儿童前往历史名胜（如华盛顿纪念碑、林肯纪念堂）以及政府机构（如国会大厦、联合国总部大厦）等地去参观，到农场去郊游，到马戏团去看表演，到水族宫去观赏，到公园、街道、广场去散步，以进一步开阔儿童的眼界。

教师带着孩子到处玩一玩、转一转，使孩子与周围的环境紧密相连，遵循着孩子的发展规律，满足了孩子的基本需求。教师注重直接的感知和亲身的体验，从生活中提取鲜活的素材作为教育的内容，这是一种有效的课堂教学方式，实现了把时间还给孩子、把能力还给孩子、把健康还给孩子，能够给孩子带来丰富的人生体验。

每个班级都张贴了明显的安全标志，并讲明了怎样避免火灾发生和安全救火等的方法。此外，还使每个人都了解并学会操作使用灭火的器材。旁边还有电话可供孩子在遇到火灾时直接拨打火警电话。每个班级的门口还有告知书，明确标识出校园的安全性，告诉家长、学生可放心地进班学习。

每个学校都开设了家政课程，以满足孩子的生活需求。高中的校园里还为已经确立好幼教工作目标的学生开设了幼儿服务课程，并为学生建立了实习基地。学校开设了一个幼儿园招收 3 岁的孩子，幼儿园每个班里设 1 名主管教师，高中的学生可轮流到班里做助教，这样，他们在学生时期就能够体验到工作要求。幼儿园、小学、中学、大学一体化的教育方案自然地呈现。

与生活实践相结合的教育，帮助学生解决生活问题的体验式学习，能让学生带着问题去思考，更能激发学生的学习兴趣。

我们发现，美国的教育中有不少值得我们学习和借鉴的地方。在这个飞速发展的时代，我们只有既传承本民族文化，又吸纳发达国家的成功经验和先进理念，才有可能打造具有中国特色并且达到国际一流水平的学前教育。其实，教育就是用心去思考。我们将结合自己的国情、园情，让学生的思维"动"起来，使知识体系"活"起来，使师生在课堂上"乐"起来。

二、理解挪威教育

每年的四五月，挪威奥斯陆大学学前教育专业的学生就会来北京实习，我们幼儿园是实习的基地园之一。这些女生和男生在幼儿园很懂礼貌，也很客气，每次去食堂吃饭都会询问有没有大白菜、黄瓜等生冷食物，然后随便用沙拉酱拌一拌，就成了一顿饭。吃完之后，还会专门去感谢食堂老师的辛苦付出。

有一次，思蒂娜老师在中班和老师一起组织了一节绘本活动课，借助的绘本是日本作家伊东宽的作品《小蛇散步》。故事主要讲述的内容为：雨过天晴，一条小蛇出门散步，遇到了大水坑，它利用自己身体长的优势很轻松就跨过去了。正当它要离开的时候，它看到蚂蚁、蜗牛、小老鼠等小动物也要过水坑，于是小蛇很热心地帮助了它们，让它们踩着自己的身体过去了。可是，大象、大灰狼、大狮子也想借助小蛇的身体过去，小蛇只好很热心地让大型动物也过去了。最后，小蛇累极了，它喝完了水坑里的水，摇摇摆摆地继续去散步了。

在此之前，园中的老师都是按照这样的思路对孩子进行情感教育的：小蛇具有良好的社会品质，乐于助人，这是我们应提倡和弘扬的。思蒂娜却认为这是在误导孩子，小蛇可以帮助比自己弱的小动物，但像大象、大灰狼、大狮子这些大型动物完全可以依靠自己的能力过水坑，而且从画面中可以看出，当大象的脚踩在小蛇的身上时，小蛇很痛苦。思蒂娜甚至联想到在真实的社会生活中，某些成人会利用孩子的单纯和善良做坏事。例如，一个成人问孩子"去超市该怎么走?"，其实他完全可以去问另一个成人，而没有必要问一个孩子，在这种情况下，孩子应该学会保护自己。

思蒂娜讲述完自己的理由，我竟然无以反驳。试想，助人为乐是值得提倡的社会精神，但是什么时候助、谁来助、助谁、怎么助，都是需要孩子们去理解和分辨的。倘若无原则"助人"，四五岁的孩子反而会把自己置于危险之中。多少伤害孩子的案例是利用了孩子的善良之心啊！所以在教育孩子善良的同时也要引导孩子学会保护自己。挪威的老师让我学会了从多角度思考怎样育人，提升了我的育人智慧。

不过，班中的老师很为难，不知道如何继续延伸这节活动课。于是，我和思蒂娜一起与孩子们讨论。先是让孩子们观看画面，小蛇在帮助大型动物的时候，表情是什么样的，从而了解小蛇很痛苦，根本不快乐；再让孩子们将大型动物的脚丫和水坑进行大小上的对比，让孩子们分析大型动物完全是有能力自己过水坑的；最后将问题抛出来，引导大家辩论"小蛇需要帮助所有的动物吗?",从而让孩子们试着总结我们应该在什么情况下帮助别人。

挪威老师来园学习和实践也给了我很多触动,提醒我不断反思,及时更新教育观念,关注孩子的发展需要。学前教育工作者不仅要帮助孩子分析绘本,更要关注生活,与生活产生联系,从而使孩子学会正确地识别美与丑、善与恶,并能够自觉地表达出自己的观点和看法。

通过与不同国家的教师和学生交流与辩论,我了解到借鉴的意义和价值。教育有很多奇妙的特质,在借鉴他国教育方式的基础上,我开始进行整合:观念的整合,全方位追随孩子的视角,追随孩子的生长节点;资源的整合,把室内外、园内外、国内外等资源梳理归纳,取之用之;发展的整合,把孩子置于真实的生活和场景中,促进孩子全方位能力的发展。这就是"借鉴"带来的冲击和变革。如此,教育才会五彩缤纷,不会形单影只。

2013年,作家托马斯·弗里德曼来上海进行访问,把中国习以为常的集体备课、教研活动等当成"上海的秘密",我想这是国际友人对我们传统教育的称赞;同理,当我们学习美国、挪威等发达国家的教育的时候,也要发掘"教育的秘密"。教育的秘密体现在每一件小事上。记得我园曾经有一个外教,在我园放暑假期间依然坚持来园上班,永远把工作当作享受和乐趣,"我要工作、我爱你们"是他常常挂在嘴边的话。午休期间,他没有事情可做,就把幼儿园的灯罩、玻璃擦拭得一尘不染。当我们委婉地表达不能为他的劳动支付多余的工资时,他说:"做这些事情时我是快乐的,不需要工资!"这可能也是教育的秘密,那就是对劳动的虔诚以及对做事情的痴迷，把工作当成游戏，永远有高度的幸福感和责任感。

三、在赞叹中坚定教育自信

2023年，新年伊始，新西兰驻华大使馆教育参赞张典先生以及教育经理安江群女士莅临我园参观访问，交流中新学前教育。两位新西兰友人在我的陪同下走进幼儿园的各个班级，体验着幼儿丰富的生活游戏，感受着中国学前教育散发的魅力，尤其是当了解到孩子们利用胭脂虫制作了天然胭脂时，安江群女士热情地进行了尝试体验，惊叹中华优秀传统文化与教育的完美融合。

我一直在想，为什么新西兰友人觉得中国幼儿教育有魅力呢？那是因为处处体现出文化的自信。中华优秀传统文化都有什么？我们要传承的中华优秀传统文化的基因到底是什么？

所谓"文化基因"，就是指长期存在的某种文化特性。真正区分当代社会人类群体的是文化，而文化是个包罗万象的东西，因此，我们可以把文化中那些长期稳定存在的结构提炼出来，这就是文化基因。

（一）中华优秀传统文化的基因在于爱国情怀

爱国主义是中华民族精神的核心。从灵魂深处厚植爱党爱国情怀，深刻理解初心和使命。从"大道之行也，天下为公"到"鞠躬尽瘁，死而后已"，从"天下兴亡，匹夫有责"到"万里长征，前赴后继"，无不彰显着爱国主义的光辉。

习近平总书记曾说："人无精神则不立，国无精神则不强。唯有精神上站得住、站得稳，一个民族才能在历史洪流中屹立不倒、挺立潮头。"①心有所信，方能行远。党的二十大报告中指出，中华优秀传统文化源远流长、博大精深，是中华文明的智慧结晶，其中蕴含的天下为公⋯⋯厚德载物、讲信修睦、亲仁善邻等，是中国人民在长期生产生活中积累的宇宙观、天下观、社会观、道德观的重要体现，同科学社会主义价值观主张具有高度契合性。

那么，幼儿园是如何培养幼儿的爱国情怀的呢？

长征是党的历史上光辉而重要的一笔，从 1934 年 10 月到 1936 年 10 月，党领导红军以非凡的智慧和大无畏的英雄气概，战胜千难万险，实现了北上抗日的战略转移。长征途中，英雄的红军，血战湘江，四渡赤水，巧渡金沙江，强渡大渡河，飞夺泸定桥，鏖战独树镇，勇克包座，转战乌蒙山，击退上百万穷凶极恶的追兵阻敌，征服空气稀薄的冰山雪岭，穿越渺无人烟的沼泽草地，纵横十余省，长驱二万五千里。

孩子们是怎样理解长征的路途的呢？从学习看地图开始，孩子们学习了解从自己的家到幼儿园有多远，从北京到上海有多远，从北京到广州有多远，他们上网查阅长征途中的每个地方，了解当地的建筑特征，再用积木、积塑等来搭建这些建筑物。游戏过程中，孩子们了解到红军的艰辛，也理解了幸福生活的来之不易。

----

① 习近平：《论中国共产党历史》，41 页，北京，中央文献出版社，2021。

（二）中华优秀传统文化的基因在于真诚友善

《论语》有言："德不孤，必有邻。"以邻为伴，彼此尊重，和而不同。中华优秀传统文化中强调亲仁善邻、远亲不如近邻，秉持真诚友好、以德为邻的观念。

2017 年 12 月 1 日，习近平总书记在中国共产党与世界政党高层对话会上的主旨讲话中指出："回顾历史，支撑我们这个古老民族走到今天的，支撑五千多年中华文明延绵至今的，是植根于中华民族血脉深处的文化基因……世界各国人民应该秉持'天下一家'理念，张开怀抱，彼此理解，求同存异，共同为构建人类命运共同体而努力。"①

2019 年 6 月 15 日，习近平总书记在塔吉克斯坦发表的题为《携手开创亚洲安全和发展新局面》的讲话中引用了塔吉克民族诗人鲁达基的名言——"智者追求善良与和平，愚者才醉心争吵和战争"，倡导携手努力，不懈追求和平、稳定、繁荣，共同创造亚洲和世界的美好未来。我想，从大国领袖身上，我们可以看到将中华优秀传统文化沁润于心的样子，这是集真诚、理解、包容等于一身的精神外显。

"生活即教育"，生活中处处有教育。我园组织了一个非常有意思的活动：收集 10 个"谢谢"。请小朋友们开动脑筋想一想：当你做了什么样的事情时别人会对你说"谢谢"？孩子们给了我一个大大的惊喜。"我帮妈妈

---

① 习近平：《论坚持推动构建人类命运共同体》，509～510 页，北京，中央文献出版社，2018。

扔垃圾，妈妈对我说了'谢谢'！""我给奶奶剪指甲，奶奶对我说了'谢谢'。""我把玩具分享给妹妹，妹妹对我说了'谢谢'。"……有的小朋友十分细心，用绘画的方式把场景记录了下来，爸爸妈妈还在旁边用文字做了批注。

随后，我们以小组的形式进行了分享和讨论：这 10 个"谢谢"分别是谁对你说的？同伴之间互相学习、借鉴，听一听做哪些事情可以得到"谢谢"。对比一下这些"谢谢"的相同和不同之处。最后我们一起将"谢谢"做了分类，并制作了一面"10 个'谢谢'"互动墙。孩子们可以随时把自己收集到的"谢谢"画下来，贴到互动墙上；还可以邀请好朋友前来欣赏，并将自己收集到的"谢谢"介绍给更多的幼儿。

随着活动的继续，我明显发现越来越多的小朋友喜欢帮助别人了，园里"谢谢"的声音也越来越多了！以前当孩子们完不成某些事情时，往往会争相喊"老师！老师！"，而如今却听到越来越多的孩子自告奋勇地说"我来！我来！"。我看到了孩子们的变化，他们逐渐摆脱对老师的依赖，真诚友善的优秀品质就这样慢慢刻在了骨子里。我想这就是"10 个'谢谢'"的魅力所在吧。

(三)中华优秀传统文化的基因在于自强不息

中华民族是一个永不言败、永不服输、自强不息的民族。面对困境从不逃避，面对困难勇敢担当，面对问题化危为机。恰如习近平总书记所言："中国人民自古就明白，世界上没有坐享其成的好事，要幸福就要奋斗。"①

---

① 习近平：《论党的宣传思想工作》，297 页，北京，中央文献出版社，2020。

"我们的国家，我们的民族，从积贫积弱一步一步走到今天的发展繁荣，靠的就是一代又一代人的顽强拼搏，靠的就是中华民族自强不息的奋斗精神。"①"幸福都是奋斗出来的。"②

自强不息是一种精神力量，它在中华民族发展的历史长河中沉淀下来，逐渐使中国人形成了坚忍不拔的品质气节，成了中华民族的印记。这种精神来自家国情怀，将自己置之度外，将自己与国家命运同频共振，将家庭情感和爱国情操融为一体。家国精神为自强不息注入了时代内容，显示了中华民族刚强劲健、勇猛精进的一面，以逢山开路、遇水架桥的闯劲，滴水穿石、愚公移山的韧劲，知难而进、迎难而上的魄力，战胜一切的困难。

中华优秀传统文化是中华民族的根和魂，是中华文明的智慧结晶和精华所在，是我们最深厚的文化软实力，是坚定文化自信的强大底气。我们要时刻照镜子，看看自己身上有没有中华优秀传统文化的烙印。关于幼儿园的中华优秀传统文化教育，我们不应简单地思考教什么的问题，而应深度地思考怎么教的问题。我想，要从教师自身做起，在教师的心中埋下一颗善良友好、真诚勇毅、自强包容的种子，这些优秀的品质就会慢慢地长出来。

对于幼儿园来讲，表面上看我们需要进行课程的构建、语言的传递，但更深层的是促使"生命共同体"意识的萌芽。就好像在一个"共识体验营"

---

① 习近平：《论党的青年工作》，21页，北京，中央文献出版社，2022。
② 新华网：《图解2018全国两会》，130页，北京，人民出版社，2018。

里，教师互相支持，加深感情，建立共同的价值观，会自然地触动着孩子们幼小的心灵。这时，文化的种子就会自然地萌芽。

中华优秀传统文化不只是外在的"二十四节气课程""民间游戏""非物质文化遗产"，更是一种精神的支撑力、生生不息的传承力、相互认同的生长力。它首先应该体现于园所和教师自身，然后体现在孩子的生活游戏中，体现在孩子自己解决问题、克服困难的过程中，体现在孩子劳动的过程中，体现在孩子与他人交流互动的过程中……生活中的点点滴滴都浸润着中华优秀传统文化的基因，关键是看老师能不能发现、能不能认识、能不能引领。

自信自强、守正创新、踔厉奋发、勇毅前行成为我心里笃定的目标和追求。这些都会构筑起具有丰富内涵的中华优秀传统文化的精神谱系。这些精神是我党百年来积淀的最深沉的精神追求，也是我们奋发进取的动力之源，希望能够自然融进孩子们的生活中。新的时代条件下，我们要传承和弘扬中华优秀传统文化，深入挖掘其中的价值内涵，进一步激发中华优秀传统文化的生机与活力，为中华民族伟大复兴筑牢深厚文化根基、提供强大精神力量。

4

教育高质量，匹夫有责

　　身处前所未有之世界大变局中，作为幼教工作者，我们每个人都要拥抱变化，用超前的思维进行合理规划，以长远的眼光看待现在和未来。

　　党的十九届五中全会提出，要"建设高质量教育体系"。《中共中央关于制定国民经济和社会发展第十四个五年规划和二〇三五年远景目标的建议》中，明确了"建设高质量教育体系"的政策导向和重点要求，提出"十四五"时期加快构建以国内大循环为主体、国内国际双循环相互促进的新发展格局，完善终身学习体系……这为迈向"第二个百年"新征程指明了方向，也为教育释放出了明确的信号——在国内国际双循环的新格局下围绕"高质量"做好教育。

　　在经济学家的眼里，内循环就是国内的供给和需求形成的循环，外循环就是参与国际产业链的供给和需求形成的循环。从教育领域来看，我理解的"双循环"包括基于"文化自信"的内循环与基于"开放包容、互联互通、共创共享"理念的外循环。

追本溯源，教育的内循环应该源于中华民族对本民族博大精深的教育文化底蕴的"文化自信"。无论是孔孟之道推崇"仁"，还是王阳明提出"知行合一"，无论是陶行知主张"生活即教育"，还是张雪门践行和弘扬"行为课程"，无不具有独特的民族特质。这些主张应当时的国情和社会背景而生，与此同时也都无一例外地揭示出教育哲理。

由此可见，现今中国的学前教育必须根植于中华优秀传统文化的土壤，起始于对本民族教育文化价值的认同和践行，并对其生命力持有坚定的信念，以此为内循环之起点。在此基础上，我们应该在全球互联的时代背景下，依据我国当下国情和需要，依据"培养德智体美劳全面发展的社会主义建设者和接班人"的国家战略需要，制定育人目标。

教育的内循环要求我们每一所幼儿园发挥育人功能，培养出符合国家发展需要的人才，而人才又能反哺社会，推动国家在各个方面整体发展，优化整体的教育环境。二者只有循环往复才能产生良性互动。教育的外循环要求我们用开放的眼光以及包容、共享的心态，与世界建立连接。这种连接是输入与输出并轨而行的，即不断学习、借鉴世界范围的先进教育理念与实践的营养精华以为我所用，同时，将中国的教育智慧与行动方案向外输出，实现全球教育的共享共荣。

在学前教育领域，我们可以通过外循环照镜子、找差距、借力量，通过内循环强健体魄。只有自身足够强大，正气内存，才能实现中国学前教育事业发展"以国内大循环为主体、国内国际双循环相互促进"的良好态势。

后　记

2023 年年初，我开始思考和书写这本书。虽然头脑中回忆着往昔的点点滴滴，或哑然失笑，或怅然若失，但更多的时候总觉得电脑敲击的文字不能表达出自己的所思所想。即便绞尽脑汁，也找不到更好的词句，只能写下最质朴、最直白的语句，美其名曰，大道至简。

特别感谢顾明远先生的追问："习近平总书记在 2014 年 9 月 9 日同北京师范大学师生代表座谈时发表重要讲话，勉励全国广大教师做'四有'好老师。我想问问你们这 10 年来是怎样践行的呢?"感谢顾先生与我的交流并给予我的鼓励。感谢北京师范大学滕珺教授的指导，令我茅塞顿开。感谢北京师范大学出版社的老师和编辑给予我的帮助，正是他们过硬的专业素质和辛苦付出，才能够让此书呈现在读者的面前。

2024 年第 40 个教师节的主题为"大力弘扬教育家精神，加快建设教育强国"。作为一名幼儿教师，践行教育家精神不仅要有"爱"，更要懂得孩子，走进孩子的心，成为"懂你的孩子王"。在幼儿园这个充满爱与希望的小世界里，每个孩子都是独一无二的宝藏。他们带着纯真的笑容、无尽的好奇和满满的活力为我们带来了无数的惊喜和感动。感恩每个孩子让我们不断地思辨自己的过往，像儿童学习和致敬一直在心中涌动，我很有幸见证了无数孩子的点滴成长。他们从刚入园时的懵懂稚嫩，到逐渐学会分享、合作、勇敢和坚强，每一步的成长都让我深感欣慰。我们的教师用爱心、耐心和专业，为孩子们搭建了一个温暖的成长港湾。他们用心倾听孩子们的声音，理解他们的需求，努力成为孩子们最信任的伙伴……把教育家精神践行在平凡的工作中，把建设教育强国的理念落实在保教点滴中，我想这就是师者之心的体现。

能够参与此系列丛书的编写，实属荣幸至极之事。它给了我一个机会，让我梳理不曾辜负的 30 多年的教育时光。无论阅读之人是随手翻阅还是反复阅读，我都想让他感受到我的感恩之情：感恩出生在这样一个伟大的时代，让我能够按照内心所向成为一名幼儿教师；感恩北京市丰台第一幼儿园中团结向上的氛围，让我能够与教师、家长、孩子共读，能够有众人支持实现心中教育之梦；感恩出现在我生命中的每一个人，"德不孤，必有邻"，众行路上欢乐多……

感谢此书的读者，您可能是一名幼儿教师，也可能是一名家长，还可能是一名学生。我想借助"片片树叶跑到你的身边"向你致谢，感谢你沉静下来阅读此书，或欣赏，或悦纳，或理解，或走进，都是一种同频共振，这就是所谓的高山流水遇知音吧！

愿每一位可爱的教育者都能像孩子一样快乐，像孩子一样纯真，也像孩子一样无忧无虑！

朱继文

2024 年 8 月 22 日

图书在版编目（CIP）数据

做懂你的孩子王/朱继文著.—北京：北京师范大学出版社，2025.1.
（"四有"好老师系列丛书）.—ISBN 978-7-303-30132-4

Ⅰ. K825.46

中国国家版本馆 CIP 数据核字第 2024LL1041 号

营　销　中　心　电　话　010-58805385
北 京 师 范 大 学 出 版 社
主题出版与重大项目策划部

ZUO DONG NI DE HAIZIWANG

出版发行：北京师范大学出版社　www.bnupg.com
　　　　　北京市西城区新街口外大街 12-3 号
　　　　　邮政编码：100088
印　　刷：北京盛通印刷股份有限公司
经　　销：全国新华书店
开　　本：730 mm×980 mm　1/16
印　　张：17
字　　数：210 千字
版　　次：2025 年 1 月第 1 版
印　　次：2025 年 1 月第 1 次印刷
定　　价：80.00 元

策划编辑：祁传华　　　　　责任编辑：赵鑫钰
美术编辑：王齐云　　　　　装帧设计：王齐云
责任校对：张亚丽　　　　　责任印制：马　洁　赵　龙